Ingeborg Schalek

Weg ins Ungewisse

Mit meinen Kindern durch die Hölle des Zweiten Weltkriegs

rosenheimer

2. Auflage

Titelbilder:
Oben: Privatbesitz der Autorin
Unten: © SV-Bilderdienst: Scherl
Lektorat: Ulrike Nikel, Herrsching am Ammersee
Satz: Buch-Werkstatt GmbH, Bad Aibling
Druck und Bindung: CPI Moravia Books, Pohorelice
Printed in Czech Republic

ISBN 978-3-475-53861-2

Zur Erinnerung an meine geliebte Großmutter Barbara, deren schicksalhaften Lebensweg ich mit diesem Buch ihren Enkeln und Urenkeln näher bringen möchte. Sie war stets liebevoll und selbstlos bemüht, mir den Weg durchs Leben zu ebnen und alle Steine beiseite zu räumen. Es tut mir leid, dass ich ihr meinen Dank viel zu wenig gezeigt habe. Ich vermisse sie sehr.

Inge
Sommer 2006

Vorwort

Meine Familie stammt aus dem Banat, jener Region zwischen Karpaten und pannonischer Tiefebene, die begrenzt wird von drei Flüssen: von Donau, Theiß und Marosch. Es ist ein Land, das viele Wechselspiele der Geschichte erlebt hat und über das viele Kriege mit ihren Verwüstungen hinweggezogen sind. In der Antike ein unabhängiges Reich der Draker, wurde das Gebiet zuerst römische Provinz, später Teil des ungarischen Königreichs, bis es Anfang des 16. Jahrhunderts dem Ansturm der Armeen des osmanischen Sultans erlag und fast zweihundert Jahre lang unter türkischer Herrschaft blieb. Nach dem Ersten Weltkrieg wurde das Banat, bis zu diesem Zeitpunkt Teil der Donaumonarchie, aufgesplittert. Abgesehen von einer winzigen Ecke, die weiterhin zu Ungarn gehörte, fielen zwei Drittel an Rumänien und ein Drittel an das neu gegründete Königreich Jugoslawien – eine Grenzziehung, die bis heute Bestand hat, nur dass es inzwischen auch Jugoslawien nicht mehr gibt und das westliche Banat zu Serbien gehört.

Die Zeit, von der ich erzählen will, liegt genau zwischen diesen Ereignissen und ist prägend geworden für die Entwicklung des Landstrichs, seiner Städte, Dörfer und seiner Menschen. Es begann Ende des 17. Jahrhunderts, als sich eine große Allianz christlicher Herrscher anschickte, ein weiteres drohendes Vordringen der

Türken ins Herz des Abendlandes zu verhindern. Und wirklich gelang es, nach anfänglich wechselhaftem Kriegsglück, unter der Führung großer Strategen wie Prinz Eugen von Savoyen oder den als Türkenlouis und Türkenmax bekannt gewordenen badischen und bayerischen Souveränen die osmanischen Besetzer in die Flucht zu schlagen.

Als die Region jedoch 1718 unter der Bezeichnung Temescher Banat als Kronland an das Haus Habsburg fiel, stand der Kaiser in Wien vor einem Dilemma, denn das Land war nahezu entvölkert, die Städte waren zerstört und die Äcker verödet. Nach dem Wiederaufbau der Städte und Festungen, die militärisch wichtig waren, machte sich die kaiserliche Verwaltung energisch an die Aufgabe, in großem Maßstab Siedler ins Banat zu holen, die neue Orte gründen und das Land wieder fruchtbar machen sollten. Man schickte Agenten aus, die bevorzugt in den süddeutschen Kleinstaaten für die Kolonisation warben. Die Voraussetzungen dort waren günstig, denn angesichts wirtschaftlicher Not und sozialer Unterdrückung erschien vielen das Angebot aus Wien wie ein Geschenk des Himmels. Ganze Familien machten sich mit viel Hoffnung und Enthusiasmus auf den Weg in ein unbekanntes Land. Sie zogen einer ungewissen Zukunft entgegen, waren jedoch beflügelt von der Aussicht, in Zukunft als freie Menschen auf eigenem Grund und Boden leben zu können.

Ab 1722 begannen die so genannten Schwabenzüge, wobei dieser Name nicht ganz korrekt ist, denn es handelte sich keineswegs ausschließlich um schwäbische Bauern und Bergleute, Handwerker und Händler, die donauabwärts auf kleinen Schiffen der neuen Heimat entgegensteuerten. An die hunderttausend dürften es gewesen sein, die vor allem im Zuge von drei großen organisierten Einwanderungswellen ins Banat kamen.

Doch es war kein gelobtes Land, das sie vorfanden. Besonders am Anfang war die Besiedlung immer wieder von Rückschlägen begleitet. Die Menschen, an das dortige Klima nicht gewöhnt, litten unter Sumpffieber und blieben auch von Epidemien wie Pest und Cholera nicht verschont. Etwa dreißig Prozent der Neuankömmlinge starben.

An diese schreckliche Zeit erinnert ein Spruch, der sich bei den Menschen des Banat erhalten hat: »Die Ersten hatten den Tod, die Zweiten die Not und erst die Dritten das Brot.«

Andere Gefährdungen kamen hinzu: Vor allem in der sumpfigen Tiefebene brachten zahlreiche Überschwemmungen die fleißigen Menschen oftmals um die Früchte ihrer Arbeit. Aber sie setzten sich durch und schafften es, aus dem verödeten Gebiet eine blühende Kulturlandschaft mit prosperierenden Orten zu machen. Überdies erwiesen sich die deutschen Siedler als überaus fruchtbar, und so wuchs ihre Zahl von etwa siebzigtausend an der Wende zum 19. Jahrhundert auf annähernd fünfhunderttausend im 20. Jahrhundert.

Wann meine Vorfahren ins Land kamen, ist nicht genau bekannt, weil es keine Dokumente mehr gibt, die so weit zurückreichen, oder weil man sich gar nicht die Mühe gab, diese Daten aufzuschreiben. Man dachte nur an die Zukunft, das Vergangene war vergessen und vorbei. Allerdings wurde in unserer Familie erzählt, dass die ersten Lehmanns vermutlich schon recht früh, vielleicht also mit dem ersten Schwabenzug ins Land kamen und dass ihre ursprüngliche Heimat das Elsass gewesen sei. Zunächst aber verliert sich ihre Spur, und es lässt sich auch nicht mehr genau rekonstruieren, wo sie sich zunächst niedergelassen haben. Wahrscheinlich in Deutsch-Etschka oder Siegmundsfeld, wo sie als Pächter Landwirtschaft betrieben. Als um 1848 infolge von Revolution und Freiheitsbewegung in Ungarn die Großgrundbesitzer endgültig auf sämtliche Privilegien verzichten sollten, kam es zu unlösbaren Konflikten und unerschwinglichen Geldforderungen.

In dieser Situation hielten die Kleinpächter aus diesen Gemeinden Ausschau nach neuen Möglichkeiten und entdeckten dabei das Perleßer Riedland gegenüber von Titel am anderen Ufer der Theiß. Da es als Grenzgebiet damals dem Staat gehörte und unter Militärverwaltung stand, wandten sie sich an die kaiserlichen Behörden in Wien und ersuchten um Überlassung eines Teils dieses Gebietes. Nach anfänglich negativem Bescheid wurde dann im Dezember 1865 die Genehmigung erteilt, auf dem Riedland eine neue Gemeinde zu gründen. Mehr als dreihundert deutsche Siedler, darunter auch meine Vorfahren, hatten das Gesuch unterschrieben.

Die Genehmigung des Kaisers lautete: »Ich bewillige die Ansiedlung der Gemeinden Deutsch-Etschka und Siegmundsfeld auf dem Perleßer Riede im Deutsch-Banater Grenzregiment unter den in diesem Vertrag erörterten Bedingungen und gestatte, dass die sich hierbei konstituierende Grenzgemeinde den Namen Rudolfsgnad annehme.« Rudolf war der einzige, damals siebenjährige Sohn des kaiserlichen Paares.

Die wichtigsten Bedingungen, die von den deutschen Siedlern erfüllt werden mussten, waren der Bau eines Dammes zur Sicherung des Landes gegen Hochwasser sowie die Errichtung von Schule, Kirche und Pfarrhaus. Auch die Ablösung für die Überlassung des Landes wurde zur allseitigen Zufriedenheit geregelt. Dann konnten die Siedler mit der Rodung des Riedlandes, mit dem Umpflügen der Äcker und dem Bau ihrer Häuser beginnen. Übrigens wurden die Standorte für die Grundstücke verlost – es war also reiner Zufall, dass meine Familie sich direkt an der Theiß niedergelassen hat.

Am 2. April 1866 fand das Gründungsfest für die neue Gemeinde statt. Alle arbeiteten die nächsten Jahre äußerst hart und verdingten sich zumeist noch als Schnitter in den anderen Dörfern. Sie hatten jedoch das große Ziel vor Augen, dass es ihnen und vor allem ihren Kindern eines Tages besser gehen würde. Der Ort wuchs: Zu Beginn des 20. Jahrhunderts zählte Rudolfsgnad bereits etwa dreitausend Einwohner, von denen zwar keiner im Reichtum schwelgte, aber man hatte ein bescheidenes Auskommen und war zufrieden.

Hier im westlichen Banat am Rand der Tiefebene kam 1908 meine Großmutter Barbara Lehmann zur Welt. Die Erschütterungen und Katastrophen des neuen Jahrhunderts waren noch nicht zu erahnen – jedenfalls nicht in dieser ländlichen Abgeschiedenheit. Hier glaubte man beharrlich an den Fortbestand der Donaumonarchie, an den Fortgang des gewohnten Lebens, doch meine Großmutter sollte die kommenden Umwälzungen schmerzlich am eigenen Leib erfahren.

Ihre Erzählungen sind es, auf denen dieses Buch basiert. Ich habe viel Zeit mit ihr verbracht, denn sie lebte in unserem Haushalt. Meine Mutter war ihre jüngere Tochter, und sie hat mich mit aufgezogen. Immer wieder schilderte sie mir anschaulich und zugleich voller Wehmut ihre Vergangenheit, ihr Leben in Rudolfsgnad, den Zusammenhalt im Dorf, ihre Eltern und Geschwister, die Zeit ihrer Ehe und den schmerzhaften Verlust der Heimat.

Ihre Geschichten haben mich schon als Kind fasziniert, und irgendwann begann ich, sie aufzuschreiben. Darum auch habe ich für dieses Buch die Ichform gewählt, denn es sind die Worte und Gedanken meiner Großmutter, die da niedergeschrieben sind – authentisch und ohne nachträgliche Schönfärberei oder Sentimentalität. Mir ging es darum, ihr Leben so aufzuschreiben, wie sie es gesehen hat, und damit ihr und ihrer untergegangenen Welt ein Denkmal zu setzen.

Kleine heile Welt

Die Welt meiner Kindheit war klein und überschaubar, und ihr Mittelpunkt war Rudolfsgnad. Hier verbrachte ich fast vier Jahrzehnte meines Lebens. Es war wirklich nichts Besonderes an diesem kleinen bescheidenen Ort – es gab eine Kirche, eine Schule und ein Gasthaus, nur der Name verhieß einen Hauch von Größe, denn schließlich war das Dorf nach dem künftigen Kaiser, wie wir damals glaubten, benannt. Unser Leben verlief ziemlich ereignislos, aber es war keineswegs immer leicht, ganz im Gegenteil. Wir waren es gewöhnt, hart zu arbeiten und zufrieden zu sein mit dem, was wir hatten; und wir mussten von Kindheit an lernen, die Dinge des Lebens zu akzeptieren, wie sie waren, doch vielleicht war es gerade das, was mich für Kommendes wappnete und stärkte.

Schön an Rudolfsgnad war seine Lage. Es lag direkt am Ufer der Theiß unweit der Einmündung in die Donau – ein hoher Damm am Flussufer schützte das Dorf und seine Bewohner vor dem stets wiederkehrenden Hochwasser. Bei normalem Wasserstand jedoch war die Theiß schiffbar, und die Schiffe, die auf der Donau fuhren, legten sogar in unserem Ort an. Ich hielt mich gerne an der Anlegestelle auf und schaute sehnsüchtig zu der Station mit dem Warteraum hin, der sich in zwei Räume aufteilte – den einen für Passagiere der zweiten, den anderen für solche der dritten Klasse.

In solchen Momenten habe ich immer davon geträumt, einmal im Warteraum der zweiten Klasse auf die Abfahrt der Schiffe warten zu dürfen, denn er war sauber, groß und hell, mit Tischen und Stühlen ausgestattet – all das gab es im Warteraum, der für uns bestimmt war, leider nicht. Überhaupt liebte ich es, mit dem Schiff zu fahren, doch das war ein Luxus für uns und kam nur ganz selten in Frage. Wenn wir überhaupt einmal irgendwohin fuhren, dann nahmen wir Pferd und Wagen und zockelten auf den schlechten, holprigen Straßen langsam unserem Ziel entgegen. Trotzdem träumte ich davon, einmal mit einem der großen Schiffe bis nach Belgrad oder in die andere Richtung nach Budapest und Wien zu reisen, aber das Höchste der Gefühle für uns war eine kurze Fahrt bis zum nächsten Ort.

Etwa einen Kilometer nördlich unseres Dorfes gab es eine schwimmende Pontonbrücke, auf der man die Theiß zu Fuß überqueren konnte. Ich hasste dieses Gebilde, denn es war alt und wackelig und flößte mir Unbehagen ein. Hinzu kam, dass man nie wusste, wann man hinüber konnte, denn die meiste Zeit war der Mittelteil entfernt, um den Schiffsverkehr ungehindert passieren zu lassen. Später wurde die instabile Konstruktion durch eine solide Holzbrücke ersetzt, über die man auch mit Pferd und Wagen fahren konnte. Noch später überspannte dann eine Doppelbrücke die Theiß mit einer Spur für den Straßenverkehr und einer für die Eisenbahnschienen.

Trotzdem war diese erste primitive Brücke unendlich wichtig, denn sie verband Rudolfsgnad mit Titel auf dem anderen Ufer der Theiß. Titel war für unsere

Begriffe eine richtige Stadt, wo die Frauen unseres Dorfes ihre selbst angebauten und hergestellten Produkte wie Gemüse, Wein, Obst, Speck und vieles andere mehr verkauften. Im Gegenzug gab es hier alle möglichen Läden, in denen man sich mit Sachen für den täglichen Gebrauch eindecken konnte, wobei der Gebrauch sich immer nach der Menge des vorhandenen Bargelds richtete, und das war meist herzlich wenig. Dann gab es noch eine Einrichtung in Titel, die zumindest für die begabteren Kinder von Interesse war, nämlich die ungarische Bürgerschule. Wer mehr lernen wollte, als in unserer Dorfschule möglich war, der konnte in einer halben Stunde bequem nach Titel gehen. Da übrigens das Banat verwaltungsmäßig zum ungarischen Teil der habsburgischen Doppelmonarchie gehörte, wurde in den Schulen auch Ungarisch unterrichtet.

Die wichtigsten Bezugspersonen eines Kindes sind immer die Eltern. Ich erinnere mich gut an meine Mutter. Sie hieß Katharina Lehmann, war eine große, hagere Erscheinung und trug ihr langes brünettes Haar zu einer Krone geflochten. Leider versteckte sie es die meiste Zeit unter einem Kopftuch. Ihre Augen waren von einer merkwürdigen Farbe, einer undefinierbaren Mischung aus braun, grün und grau, doch sie strahlten Güte und Wärme aus – daran habe ich mich später deutlich erinnert. Ihr Mund war schmal und passte gut zu dem ebenfalls eher schmalen Gesicht. Im Ganzen betrachtet war sie wohl keine Schönheit, sondern eine unauffällige Frau, aber sie war mir und meinen Geschwistern eine selbstlose, gütige und liebevolle Mutter.

Mein Vater Johann Lehmann war zwar etwas kleiner als meine Mutter, dabei trotzdem ein stattlicher Mann, neben dem seine Frau leicht verblasste. Sein brünettes Haar war dicht, fast buschig und umrahmte in großen Wellen sein kantiges Gesicht. Seine Lippen waren schmal, und sein Mund wirkte hart. Ein dünner Bart zierte die Oberlippe. Die Augen waren dunkel, schwarz wie Kohlen mit langen, dichten Wimpern und wirkten ein wenig stechend. Sein Körperbau war mager und drahtig. Manchmal wirkte er ein wenig düster und grimmig, doch dieser Eindruck entsprach nicht der Wahrheit.

Ich denke nicht, dass es eine leidenschaftliche Liebe war, die Vater und Mutter verband, denn wie damals zumindest in unserer Gegend noch üblich, wurden die jungen Leute von den Eltern aus praktischen oder finanziellen Gründen in arrangierte Ehen gezwungen, oft sehr zum Leidwesen der Betroffenen. In jener Zeit gaben die Familien nur ganz selten ihre Einwilligung zu einer Liebesheirat – und auch nur dann, wenn alle Voraussetzungen stimmten. Wie weh solch eine Entscheidung tun konnte, sollte ich selbst viele Jahre später erfahren. Trotzdem verliefen diese Ehen meist zumindest harmonisch. Bei meinen Eltern jedenfalls traf das zu. Sie gewöhnten sich aneinander, sie respektierten sich, und ich glaube, dass sich im Laufe ihrer Ehe sogar tiefere Gefühle zwischen ihnen entwickelten.

Das Haus, in dem sie gemeinsam mit den Großeltern Lehmann und später zusätzlich mit ihren Kindern wohnten, war wie die meisten Gebäude im Dorf aus selbst gefertigten Ziegeln erbaut. Das hatte einen ganz praktischen Vorteil, denn diese Ziegel kosteten nur Arbeitszeit und wurden in erster Linie von den Frauen unseres Dorfes hergestellt. Zu diesem Zweck wurde die lehmige, schlammige Erde am Theißufer ausgegraben, mit Schilf, das ja zur Genüge den Fluss säumte, vermischt und in Formen aus Holz gepresst, die einige Tage in der warmen Sonne trocknen mussten. Anschließend wurden die Dreckziegel, wie wir dieses Baumaterial nannten, aus der Form genommen und abermals zum Trocknen ausgelegt. So hatten es schon die ersten Siedler im Banat gehalten, und die Nachfahren blieben dabei. Natürlich gab es inzwischen auch gebrannte rote Tonziegel zu kaufen, doch diesen Luxus konnte sich kaum einer der Dorfbewohner leisten.

Es wurde das Haus meiner Kindheit und Jugend. Wie die meisten Familien des Ortes mussten wir uns mit dem Platz sehr einschränken, denn es gab nur zwei Zimmer sowie eine Küche samt Vorratsraum, alles zu ebener Erde. Trotzdem und obwohl es mir bisweilen drinnen dunkel und modrig vorkam, habe ich an diesem Zuhause gehangen. Wie sehr, merkte ich erst, als ich es verlassen musste. Man betrat das Haus nicht von der Straßenseite, sondern vom Garten aus über einen offenen Laubengang. Trat man über die Schwelle der alten, stets knarrenden Haustüre, stand man sofort in der Küche. Sie war rechteckig und etwa zwölf Quadratmeter groß mit einer niedrigen Decke, kaum mehr als zwei Meter hoch. Die Wände waren weiß gekalkt und hatten nicht das glatte, ebenmäßige Aussehen, wie man es später gewöhnt war. Mangels anderer Materialien waren sie mit einem Gemisch aus Lehm und Stroh »verputzt« und dann mit Kalk weiß getüncht worden. Trotz dieser primitiven Bauweise wirkte unsere Küche sauber und gemütlich. Sechs kleine und zwei größere Heiligenbilder zierten die Wände. In der vorderen rechten Ecke befand sich ein Herrgottswinkel mit einem schönen, von Großvater selbst geschnitzten Holzkreuz. Ein einziges, nicht allzu großes, zweiflügeliges Fenster mit Oberlicht, das zur Straße hinausging, erhellte nur schwach den Raum. Es hatte keinen Vorhang genau wie die Fenster in den anderen Zimmern – offensichtlich waren Gardinen damals bei uns auf dem Land noch nicht üblich. Überhaupt war vieles anders, primitiver. Die Fußböden im ganzen Haus bestanden aus gestampftem Lehm, waren aber dennoch beinahe glatt wie Linoleum. Einmal pro Woche wurden sie gründlich mit in Wasser aufgelösten Kuhfladen geschrubbt – ein altes Hausmittel, das den Böden, ich weiß nicht warum, immer wieder ein sauberes, glänzendes Aussehen verlieh. Durch diese Prozedur verbreitete sich allerdings vorübergehend ein übler Geruch im ganzen Haus.

In der Küche stand natürlich als wichtigstes Möbelstück unser Esstisch, um den sich fünf Stühle verschiedenster Art, Größe und Farbe reihten. Sobald alle Kinder geboren waren, musste die Familie also schichtweise essen, weil es an Platz für weitere Stühle mangelte. Doch das war nicht wirklich schlimm, da es nicht nur bei uns, sondern auch bei den meisten Verwandten, Freunden und Nachbarn im Dorf nicht anders aussah. Tisch und Stühle waren einfach und zweckmäßig aus rohem Holz gezimmert; luxuriöse Sachen wie Polsterauflagen oder Kissen für die Stühle gab es nicht. Aber wir kannten es nicht anders und vermissten nichts. Auch was heute in keiner Küche fehlen darf, gab es in unserer nicht: einen Schrank. Alles, was wir an Geschirr besaßen – und das war eher dürftig –, war in einem Holzregal neben dem Fenster untergebracht. Unser Besteck, aber auch Teller und Tassen waren aus Blech. Nur die Töpfe und Pfannen waren aus schwerem Gusseisen und wurden bei der Feuerstelle verwahrt.

Das Herzstück jeder Küche war damals der Herd. Man darf dabei jedoch nicht an die uns bekannten Kohleherde aus Großmutters Zeit denken, denn was wir in unserem Haus hatten, war lediglich eine offene Feuerstelle mit Rauchabzug in der Decke. Auf der Kochstelle stand ein dreiteiliges Eisengestell, Dreispitz genannt, in das man die Kochtöpfe einhängen konnte. Etwas weiter rechts war in die Mauer ein Backofen eingelassen, der im Winter im ganzen Haus wohlige Wärme verbreitete, es im Sommer jedoch unerträglich heiß werden ließ. Das war jedoch nicht zu ändern, denn täglich wurde bei uns gebacken, meist frisches Brot, doch manchmal auch zur Freude der Kinder Kuchen. Ein wunderbarer Duft durchströmte dann das ganze Haus, und wenn ich mich konzentriere, kann ich heute noch diesen Geruch wahrnehmen, der mich mit Wehmut und Melancholie erfüllt, weil er mich an meine kleine heile Welt erinnert.

Von der Küche aus ging es in die beiden restlichen Zimmer, die als Schlafräume dienten, das eine für die Eltern, das andere für die Großeltern. Beide wurden beherrscht von riesigen Doppelbetten, die fast den gesamten Raum ausfüllten. Im Zimmer meiner Eltern war gerade noch Platz für ein schmales Bett, das ich mir mit meiner Schwester teilen musste. Obwohl ein großes Ehebett in allen Schlafräumen vorhanden war, schien es zu meiner Kinderzeit in unserem Dorf üblich zu sein, dass die Ehepaare nur in einer Hälfte des Bettes schliefen und die andere Seite völlig ungenützt ließen, obwohl das zweite Bett ebenfalls mit Strohsack,

Polster und Decken ausgestattet war. Wollten sie die eine Hälfte schonen und für später aufheben? Allein wegen der Wärme kann es nicht gewesen sein, denn dies hätte nur im Winter einen Sinn gemacht.

In Rudolfsgnad blieben in der Regel die Haustüren unverschlossen, das war bei uns nicht anders. Was sollte schon passieren? In einem kleinen Ort, in dem jeder jeden kannte, vertraute man einander. Blieben höchstens durchziehende Hausierer oder Landstreicher. Aber da war Großvater der Ansicht, bei uns gäbe es nichts zu holen, und kein Einbrecher würde so dumm sein zu glauben, er könnte bei uns irgendetwas von Wert vorfinden, wofür sich das Risiko eines Einbruchs lohnte. Also wurde der riesige Schlüssel im Schloss der dunkelbraunen Haustüre nie herumgedreht und war fast schon eingerostet.

Dann kam eine mondhelle Nacht im Spätsommer. Es war lange vor meiner Geburt, doch meine Großmutter hat mir immer wieder von dem Einbrecher erzählt, der sich lautlos durch die unverschlossene Tür ins Haus schleichen wollte. Aber er hatte nicht das laute Knarren der Tür bedacht, das meinen Vater auf der Stelle weckte. Hellwach sprang er aus dem Bett und stürmte durch das Schlafzimmer der Großeltern in die Küche. Der Einbrecher, der nicht damit gerechnet hatte, gestört zu werden, suchte fluchtartig das Weite. Wer der ungebetene nächtliche Besucher war, hat man nie in Erfahrung gebracht, aber seit dieser Nacht achteten alle sorgfältig darauf, dass abends die Haustüre zugesperrt wurde.

Unser Haus lag so nah an der Theiß, dass unser Garten vom Hochwasserdamm begrenzt wurde. Im Winter war das ein großartiger Hang zum Schlittenfahren, natürlich nur, wenn Schnee lag, was in den milden Wintern der Tiefebene nicht gerade häufig vorkam. Hinter dem Haus ragte zwischen Hof und Damm der Futterspeicher für unsere Tiere auf. Als ich klein war, schien er mir so groß, als würde er den Himmel berühren. Auch standen im Hof und entlang des Dammes die Ställe für unsere Tiere. Meist hatten wir vier bis fünf Schweine, ein paar Kühe, drei Pferde, dazu Hühner, Gänse und Enten, die tagsüber frei herumliefen. Außerdem hatten meine Mutter und Großmutter im Garten ein paar Gemüsebeete angelegt; nicht allzu viele, denn wir besaßen ja noch Felder, auf denen in größerem Umfang und nicht nur für den Eigenbedarf Gemüse gezogen wurde.

Auf unseren Feldern wuchs neben Weizen, Mais und Tabak auch Mohn, der damals einem zumindest für heutige Verhältnisse recht merkwürdigen Zweck diente. Die Mohnköpfe wurden zerbröselt, mit Brotkrumen vermischt und fest in ein kleines Tuch eingebunden, das man als eine Art Schnuller den Kleinkindern zum Lutschen in den Mund steckte. Es sollte angeblich eine beruhigende Wirkung ausüben, ob dies tatsächlich der Fall war, kann ich nicht sagen. Ich jedenfalls habe es bei meinen eigenen Kindern nicht ausprobiert.

Außer Garten, Hof und Feldern gehörte noch ein äußerst ertragreicher Weingarten zu unserem kleinen landwirtschaftlichen Betrieb, und Jahr für Jahr kelterten Vater und Großvater Wein aus den Früchten unserer Rebstöcke. Der Wein fiel nicht immer gleich aus – mal war er besser, mal schlechter. Ganz vorzüglich war jedoch immer die Weinsuppe, die wir um die

Weihnachtszeit regelmäßig zu kochen pflegten. Ich habe das Rezept aufbewahrt, und wenn ich sie später in meinem neuen Leben zubereitete, kam sie mir vor wie ein Gruß aus der alten Heimat – wie der Geschmack und der Geruch der Kindheit.

Ihre Zubereitung ist ganz einfach:

Man nimmt einen halben Liter Wein, einen Achtelliter Wasser, eine Zimtstange, vier Gewürznelken und erhitzt die Mischung kurz. Anschließend schlägt man vier Eidotter mit hundertfünfzig Gramm Zucker und einem Achtelliter Sahne auf, rührt dieses mit dem Schneebesen in die Weinmischung und lässt das Ganze nochmals kurz aufkochen.

Ein liebevolles Zuhause

Der Tag, an dem ich zur Welt kam, der 11. Oktober 1908, war regnerisch, windig und zu kalt für die Jahreszeit. Es war früher Nachmittag, als meine Mutter nach der Hebamme schickte. Meine Geburt war nicht sonderlich spektakulär, sondern ging ganz reibungslos vonstatten. Zumindest hat mir das meine Großmutter erzählt, aber meine Mutter hatte ja auch schon Erfahrung, denn zwei Jahre zuvor war meine Schwester Anna geboren worden. Als mein Vater abends bei seiner Heimkehr aus dem Weingarten mit seinen schweren, klobigen Schuhen ins Schlafzimmer zu seiner Frau trat und die neue Tochter in Augenschein nahm, war er wohl ein bisschen enttäuscht, dass es wieder ein Mädchen war – er hatte sich so sehr einen Sohn gewünscht. Trotzdem beteiligte er sich sogleich an der Namenssuche, und während Großmutter Anna die Kartoffelsuppe von mittags aufwärmte, einigten sich meine Eltern nach kurzer Diskussion auf den Namen Barbara.

Als ich anderthalb Jahre alt war, ging endlich der Wunsch meines Vaters in Erfüllung – im April 1910 kam der ersehnte Sohn, mein Bruder Hans, zur Welt. Alle im Haus freuten sich riesig, dass es diesmal ein Junge war, und Vater und Großvater rauchten zur Feier des Tages im Laubengang eine Tabakspfeife. Das hört sich heute so belanglos an, doch damals war es etwas ganz Besonderes, Tabak zu rauchen, denn gewöhnlich rauchten die Männer nur getrocknete Petersilienblätter. Der Tabak, der reichlich auf den Feldern rund um unser Dorf wuchs, war keineswegs für den Eigenbedarf gedacht, sondern wurde, sobald die Blätter getrocknet und gebündelt waren, gegen ein geringes Entgelt abgegeben. Es gab nämlich seit den Zeiten von Kaiser Josef II. ein Tabakmonopol, was bedeutete, dass der Staat allein über Anbau, Herstellung und Verkauf bestimmte. Wer also wie mein Vater auf einem Feld Tabak anbauen wollte, tat das in staatlichem Auftrag, musste vorher bei der kaiserlichen Monopolverwaltung eine Genehmigung einholen und natürlich die gesamte Ernte abliefern. Für die kleinen Bauern bedeutete das ein bescheidenes Zubrot, für die Staatsfinanzen einen riesigen Gewinn.

Ich erinnere mich an einen Sommer meiner Kindheit, als Mutter und Großmutter eifrig damit beschäftigt waren, das halbe Haus leer zu räumen. Alles verstauten sie in Kisten und Truhen – Lebensmittel, Kleidung, Geschirr und allerlei anderes Zeug. Ich verstand nicht, was das alles bedeutete, und auf meine Fragen erhielt ich keine oder nur unbefriedigende Antworten. Überall waren wir im Weg, Anna und ich, ständig schob man uns von einem Zimmer ins andere. Mein Bruder Hans war noch sehr klein, er schlief und bekam nichts mit von dem aufgeregten Treiben im und rund ums Haus. Hinaus konnten wir auch nicht, denn es regnete seit Tagen ohne Unterlass, und so wie es aussah, würde sich daran so schnell nichts ändern, sagte zumindest meine Mutter.

Wir Mädchen standen am Fenster und schauten gebannt hinaus auf die Straße, wo ein heilloses Durcheinander herrschte, nein eigentlich war es schon eher Panik, die man in den Gesichtern der Männer lesen konnte, die geschäftig hin- und herliefen. Vater und Großvater waren ebenfalls draußen im Regen. Wir sahen, wie sie unsere Tiere unter dem Fenster vorbei trieben, die Straße hinunter, und hatten nicht die geringste Ahnung, was das alles sollte. Warum holten sie die armen Tiere bei diesem grässlichen Wetter aus ihrem schönen, warmen Stall?

Ich weiß noch, dass ich zu weinen begann und plötzlich schreckliche Angst bekam, als ich beobachtete, wie mein Vater versuchte, eine unserer Kühe mit dem Stock voranzutreiben, obwohl das verängstigte Tier kaum von der Stelle zu bewegen war. Ich sah, wie Vater auf der vom Regen aufgeweichten Straße fast bis zu den Knien im Schlamm versank und bei jedem Schritt Mühe hatte, die Füße herauszuziehen. In diesem Moment kam die Großmutter zu uns ins Zimmer, weil sie unser Weinen gehört hatte – inzwischen hatte sich Anna nämlich von meinem Kummer anstecken lassen. »Kinder«, rief sie, »was ist denn, warum heult ihr denn so, ihr weckt mir ja noch euren Bruder auf. So beruhigt euch doch.« Wir liefen zu ihr hin und versteckten unsere Köpfe in ihrer Schürze, ohne dabei unser Schluchzen wesentlich zu unterbrechen. Großmutter nahm uns an der Hand und führte uns zum Bett. Sie setzte sich und nahm uns beide, die eine links, die andere rechts, auf den Schoß. »Ich werde euch jetzt mal etwas erzählen«, sagte sie. Nachdem auch der kleine Hans, den wir mit unserem Weinen tatsächlich aufgeweckt hatten, auf Großmutters Schoß geklettert war, begann sie mit ihrer Erzählung:

»Mädchen, ihr seid schon groß, besonders du, Anna,

und werdet verstehen, was ich euch jetzt erkläre. Ihr habt doch bemerkt, dass es seit Tagen sehr stark regnet, und wir fürchten, dass es nicht so schnell aufhören wird. Durch den vielen Regen ist das Wasser in der Theiß und der Donau immer mehr gestiegen, und wenn der Regen nicht bald aufhört, könnte es passieren, wie es vor einigen Jahren auch der Fall war, dass der Damm an manchen Stellen dem Druck der Wassermassen nicht länger standhält und bricht. Das würde bedeuten, dass dann das Wasser in unser Dorf käme und unsere Häuser und unsere Ställe überflutet, und darum müssen wir vorsorgen.«

Großmutter machte eine kleine Pause, die ich dazu nützte zu fragen: »Was heißt vorsorgen Oma?«

»Vorsorgen heißt in diesem Fall, dass wir alles, was wir zum Leben brauchen, einpacken und auf dem Damm in Sicherheit bringen müssen, auch unsere Tiere, damit sie nicht in ihren Ställen ertrinken, denn das wollen wir doch nicht.«

»Bringt Vater unsere Tiere jetzt auf den Damm?«

»Ja, und Großvater hilft ihm dabei. Das ist nicht ganz leicht, denn die Tiere haben Angst, sie verstehen ja nicht so wie ihr, warum wir sie aus ihren trockenen Ställen hinaus in den Regen treiben.«

»Und wir, Oma Anna, gehen wir dann auch auf den Damm?«

»Natürlich Barbara, und darum muss ich jetzt auch wieder eurer Mutter helfen, alles einzupacken, damit wir es später auf dem Damm einigermaßen bequem haben und nicht hungern und frieren müssen. Schließlich wissen wir ja nicht, wie lange es dauern wird, bis wir wieder nach Hause können.«

Großmutter verließ uns und ging zurück in die Küche. Wir stellten uns erneut ans Fenster und sahen nun etwas beruhigter dem Treiben auf der Straße zu. Hans hoben wir auf einen Schemel, damit er hinausschauen konnte. Den ganzen Vormittag blieben wir auf unserem Aussichtsposten, verhielten uns ruhig und spielten mit dem Kleinen, damit Mutter und Großmutter ungestört arbeiten konnten. Am frühen Nachmittag wurde die Straße langsam leerer, und auch Vater und Großvater kamen ins Haus, um mit uns eine heiße Suppe zu essen. Sie waren völlig durchnässt und machten einen müden und erschöpften Eindruck.

Nach dem Essen mussten wir uns dann warm anziehen, und gemeinsam gingen wir hinaus. Bereits an der Haustüre peitschte uns der Regen ins Gesicht; Hans schrie, und wir stimmten in sein Geschrei ein. Vater nahm daraufhin meinen Bruder auf den Arm und trug ihn hinaus auf die Straße. Ich ging an Großmutters Hand hinter Vater her, gefolgt von Anna, die sich krampfhaft an Mutter klammerte. Großvater verließ als Letzter das Haus und schloss hinter sich die Tür ab. Er schlug den Kragen seiner Jacke hoch, zog tief die Mütze in seine Stirn und beeilte sich, uns nachzukommen.

Der Wind schien stärker geworden zu sein, wir stemmten uns dagegen und hatten Mühe, vorwärts zu kommen. Wir gingen zu Fuß, mir war schleierhaft, warum wir nicht wie sonst mit Pferd und Wagen fuhren, aber ich konnte keine Fragen stellen, weil der Wind und der Regen die Stimme übertönten. So ließ ich mich einfach von Großmutter ziehen und versuchte, tapfer zu sein, doch trotz allen Bemühens konnte ich nicht verhindern, dass mir die Tränen über die Wangen liefen. Endlich, mir schien es wie eine Ewigkeit, erreichten wir den Damm, und was wir da zu sehen bekamen, versetzte mich in Staunen. Der Damm war voll von Kühen, Pferden und Wagen, auch unser Wagen war darunter. Die Plane war fest über den Wagen gespannt, damit der Wind sie nicht fortreißen konnte. Wir Kinder wurden hineingeschoben und waren endlich im Trockenen und zumindest halbwegs Warmen.

Eng aneinandergepresst saßen wir drei dann auf dicken Polstern und Decken und warteten. Von draußen hörten wir Vaters Stimme; er unterhielt sich mit jemandem über das Hochwasser: »Wollen wir mal hoffen, dass es nicht so schlimm wird wie 1907. Wenn wieder die Dämme brechen und unsere Ernte verlorengeht, weiß ich nicht, wie wir über den Winter kommen sollen.«

Ich stieß meine Schwester in die Rippen und fragte: »Anna, was meint Vater damit, wenn die Dämme brechen?«

»Ach, das weiß ich auch nicht.«

»Aber du warst damals schon auf der Welt, du musst doch wissen, was er damit gemeint hat.«

»Damals war ich ein Baby, da kann ich mich wohl kaum erinnern. Gib jetzt endlich Ruhe.«

Hans begann wieder zu weinen, und ich nahm das zum Anlass, nach meiner Mutter zu rufen. Ich kletterte aus dem Wagen und hörte noch, wie Anna hinter mir herrief. »Barbara, bleib hier, was machst du denn draußen, das darfst du nicht.«

»Ich suche Mutter«, gab ich zurück, sprang vom Wagen und stand im hohen patschnassen Gras, das mir bis zu den Oberschenkeln reichte und meinen Rock durchnässte. Meine Schuhe waren mir sicher zwei Nummern zu groß, so dass glitschiger Schlamm hineindringen konnte und an meinen Strümpfen hochkroch. Ich sah mich in alle Richtungen um, doch von Mutter war nichts zu sehen und auch von keinem anderen aus unserer Familie. Aber ich war nicht sehr ängstlich, sondern eher neugierig, und so entfernte ich mich von unserem Wagen und ging einige Meter den Damm entlang. Die Tiere schrien und zerrten an ihren Stricken, mit denen sie an den Bäumen festgebunden waren. Viele Menschen liefen umher, doch von mir nahm niemand Notiz.

Auf der anderen Seite des Dammes sah ich dann das Wasser: Die Theiß wirkte plötzlich wie ein riesengroßer See, was ich absolut nicht verstehen konnte. Wo sollten wir denn in Zukunft spielen, wenn auf der anderen Seite des Dammes alles voller Wasser war? Ich ging weiter, ich wollte unsere Mutter oder zumindest unsere Großmutter finden. Es regnete noch immer, und zudem schien der Wind zugenommen zu haben – er zerrte an meinen Kleidern, und ich hatte Mühe, mich auf den Beinen zu halten. Ich erinnere mich, dass ich plötzlich ein mulmiges Gefühl verspürte und Angst hatte, der Wind könnte mich in diese unheimliche Wasserfläche fegen.

Eine Frau, die ich nicht kannte, beugte sich plötzlich zu mir herunter und fuhr mich grob an: »Was machst du denn hier draußen? Geh sofort zurück zu deiner Mutter!« Sie gab mir einen leichten Klaps und war auch schon verschwunden. Ja, sie hatte Recht. Ich wollte wieder auf unseren Wagen, und zwar schnell.

Ich drehte mich um und lief zurück, doch alles sah irgendwie gleich aus, die Wagen mit ihren Planen, die Tiere, die noch immer an den Bäumen angebunden waren – alles war gleich. Ich wusste plötzlich nicht mehr, welcher Wagen der unsere war.

Laut rief ich mit dem heulenden Sturm um die Wette: »Anna, Anna, wo bist du denn?« Aber niemand antwortete mir. Der Wind, der durch das Laub der Bäume pfiff, verursachte einen derartigen Lärm, dass mich Anna selbst dann nicht gehört hätte, wenn ich direkt vor unserem Wagen gewesen wäre. Ich drehte mich im Kreis und musste erkennen, dass ich mich verlaufen hatte. Ich war inzwischen vollkommen durchnässt, keine trockene Faser befand sich mehr an meinem Körper. Es waren zwar Menschen um mich herum, aber ihre Gesichter waren mir allesamt fremd. Unendlich einsam und verlassen fühlte ich mich in dem strömenden Regen damals auf dem Damm.

Ich blieb stehen und rief so laut ich nur konnte: »Mutter …, Anna«, aber niemand hörte mich. Wieder sah ich auf die riesigen Wassermassen neben mir und musste daran denken, was mein Vater über den Damm gesagt hatte. Plötzlich wuchs meine Angst, und lauthals schrie ich nun nach meinem Vater. Orientierungslos rannte ich hin und her. Ich spähte angestrengt in alle Richtungen und wusste nicht, wohin ich gehen sollte. An einem der Wagen war ein Mann damit beschäftigt, die Plane festzuziehen. Ich ging auf ihn zu und zog ihn unsicher am Rocksaum.

»Ich habe mich verlaufen, kannst du mich zu meiner Mutter bringen?«

»Was machst du denn hier draußen alleine?«

»Ich habe mich doch verlaufen.«

»Wie kann man sich hier verlaufen! Wie heißt du denn?«, fragte er ärgerlich und arbeitete weiter, ganz offensichtlich nicht erfreut, mich auf dem Hals zu haben.

»Barbara Lehmann«, antwortete ich gehorsam.

»Na ja, deinen Vater kenne ich schon, aber wo er jetzt ist, kann ich dir auch nicht sagen. Hat dein Vater euren Wagen nicht auf den Damm gebracht?«

»Doch, aber ich kann ihn nicht finden, es sind so viele.«

»Also, ich gehe jetzt bei diesem Wetter ganz bestimmt nicht mit dir und suche ihn.«

»Was ist denn da draußen los, mit wem sprichst du denn?«, erklang eine Frauenstimme aus dem Inneren des Wagens.

Der Mann gab keine Antwort, sondern werkelte weiter an seiner Plane herum und ließ mich völlig unbeachtet neben sich im Regen stehen. Als er endlich mit seiner Arbeit fertig zu sein schien, sah er mich an und meinte: »Du bist ja noch immer da.«

In diesem Moment schob eine Frau ihren Kopf unter der Plane durch und sah mich ziemlich überrascht an. »Was ist das für ein Kind, Alfred?«, fragte sie ihren Mann.

»Die hat sich verlaufen, gehört dem Johann Lehmann – glaube ich zumindest.«

»Ja und was machen wir denn jetzt? Da draußen im Regen können wir sie nicht gut stehen lassen.«

»Ich kann aber auch nicht auf die Suche nach ihrem Vater gehen, schließlich habe ich hier genug zu tun.«

Ich erinnere mich noch, dass ich einfach dastand,

von einem zum anderen schaute und wartete, was nun geschehen würde. Der Sturm hatte mir das Tuch vom Kopf gerissen, und ich schob es wieder hoch und band es fester unter meinem Kinn zusammen.

»Nun heb sie halt herauf zu mir in den Wagen. Wir warten, bis der Regen nachlässt, und dann suchen wir ihre Eltern.«

Der Mann knurrte etwas Unverständliches in seinen kurzen Stoppelbart, hob mich dann hoch und schob mich in das Innere des Wagens. Dort zog mir die Frau die nassen Sachen aus und wickelte mich in eine Decke. Ich weiß noch, dass mir kalt war, ganz schrecklich kalt, denn Unterhemd und Unterrock, die ich anbehalten hatte, waren ebenfalls nass – Unterhosen trugen die Mädchen damals nicht. Tränen stiegen mir hoch, doch ich versuchte krampfhaft, dagegen anzukämpfen.

»Warum bist du denn weggelaufen? Deine Mutter sucht dich sicher und macht sich große Sorgen.«

»Ich bin nicht weggelaufen, mein Bruder hat geweint. Deshalb wollte ich meine Mutter suchen, und dann habe ich unseren Wagen nicht mehr gefunden.« Nun war es vorbei mit meiner Beherrschung, und ich brach in hemmungsloses Schluchzen aus.

Der übellaunige Mann stieg zu uns auf den Wagen und fuhr mich unfreundlich an. Zornig blickten seine dunklen Augen unter den buschigen Brauen hervor.

»Nun hör schon auf mit diesem Geplärre, wir können jetzt nichts anderes tun als abzuwarten, bis der Regen aufhört.«

Erschrocken hielt ich für einen Moment inne, aber nur ganz kurz. Dann drückte ich mein Gesicht in die nasse Decke und wimmerte weiter leise vor mich hin.

»Was schreist du denn so mit dem Kind?«, schimpfte die Frau, unter deren Kopftuch rote Haare hervorquollen.

»Als ob ich nicht schon genug um die Ohren hätte, soll ich mich jetzt auch noch um eine entlaufene Göre kümmern.« Er drückte sich in die Ecke des Wagens und zog eine Decke über seinen kahlen Schädel. Die Frau schüttelte nur verständnislos den Kopf und nickte mir aufmunternd zu.

Ich saß ganz alleine in meiner Ecke und kam mir unendlich verlassen vor. Ich sehnte mich nach den warmen Armen meiner Großmutter, horchte auf das Prasseln des Regens und wünschte, dass er endlich aufhören möge, damit dieser unfreundliche Mann mich zu Mutter bringen konnte.

Ich weiß nicht mehr, wie lange wir so stumm dasaßen, aber mir erschien es wie eine kleine Ewigkeit. Durch einen Spalt konnte ich hinaus ins Freie sehen – die Dämmerung hatte bereits eingesetzt, und mein Mut sank von Minute zu Minute, bis ich plötzlich etwas zu hören glaubte, das sich wie mein Name anhörte. Kerzengerade setzte ich mich auf und lauschte nach draußen. Da war es wieder ganz deutlich und viel näher als vorhin: »Barbara ..., Barbara!«

»Opa, Opa«, schrie ich so laut, dass der Mann und die Frau aufschreckten und mich anstarrten.

»Was ist los?«, wollte der Mann wissen.

»Mein Großvater, er sucht mich – ich habe seine Stimme gehört.«

Und da rief er schon wieder meinen Namen, und noch nie hatte mir dieses Barbara so schön in den Ohren geklungen. »Opa, Opa«, antwortete ich, sprang auf und schaute aus dem Wagen. Noch heute glaube ich dieses erlösende Gefühl der Erleichterung zu verspüren, das mich erfüllte, als ich Großvaters Kopf mit der Kappe sah, von deren Rand der Regen wie ein kleines Rinnsal zur Erde tropfte.

»Barbara, was um alles in der Welt macht du hier«, sagte er und fügte etwas leiser hinzu: »Gott sei Dank habe ich dich gefunden.«

Schnell nahm ich die Decke von meinen Schultern, warf sie achtlos in die Ecke, zog meine nasse Kleidung wieder über und ließ mich von Großvater hinunterheben. Ich nahm seine Hand und spürte mit einem Mal weder Regen noch Wind, nur noch diese tröstliche Hand, an die ich mich wie eine Ertrinkende klammerte. Gemeinsam gingen wir den Damm entlang bis zu unserem Wagen. Die Knie zitterten mir, als ich hineingehoben wurde und nach der anfänglichen Erleichterung über mein Wiederauftauchen die väterliche Hand auf meinem Hinterteil spürte. Ich flüchtete mich in die Arme meiner Großmutter und konnte endlich hemmungslos weinen, teils aus Kummer über die Schläge, teils aus Erleichterung, wieder bei meiner Familie zu sein. Mutter zog mir die nasse Kleidung aus und wickelte mich in eine trockene Decke. Anna sah mich vorwurfsvoll an und zischte böse: »Wegen dir habe ich Schläge bekommen, weil ich dich nicht zurückgehalten habe.«

Zwei ganze Tage mussten wir noch auf dem Damm ausharren, bis endlich der Regen nachließ und das Wasser langsam wieder zurückging. Wir hatten Glück: Die Dämme hatten gehalten und eine größere Katastrophe wie die von 1907 blieb uns erspart. Damals hatte es beim Warten einer Pumpe, die das Hochwasser in die

Donau leiten sollte, eine Panne gegeben, und im Deich war eine Bruchstelle entstanden, durch die beständig Wasser sickerte, was nach vier Tagen schließlich zum kompletten Einsturz führte. Da das Wasser jedoch nur langsam das Dorf überflutete, war der Bevölkerung Zeit genug geblieben, ihre Habseligkeiten, die Tiere sowie die bereits eingebrachte Ernte auf einem noch intakten Deichabschnitt in Sicherheit zu bringen. Was allerdings noch auf den Feldern stand, war verloren gewesen.

Wir jedenfalls waren froh, wieder zu Hause zu sein, ein trockenes, warmes Bett zu haben und warme Mahlzeiten zu bekommen. Auch unsere Tiere schienen sich sichtlich über die Rückkehr in ihre Ställe zu freuen. Nur eine unserer Kühe mussten wir anschließend leider schlachten. Sie wurde krank, und der Tierarzt meinte, dass der Aufenthalt in Regen und Kälte auf dem Damm ihr wohl geschadet hätte.

Kriegsalltag

Ich erinnere mich, als wäre es gestern gewesen.

Es war an einem warmen Sommernachmittag des Jahres 1914. Anna, Hans und ich waren im Garten und spielten im Schatten unseres großen Marillenbaumes mit einer Stoffpuppe die ich im letzten Jahr zu Weihnachten bekommen hatte. Mutter und Großmutter saßen im Laubengang und waren mit Ausbesserungsarbeiten beschäftigt. Mutter weinte leise, sie unterhielt sich mit Großmutter über ein Gespräch, das sie am Vortag nach der Sonntagsmesse mit angehört hatte.

»Ich habe gehört«, begann sie, »wie der Pfarrer dem Schuldirektor erzählt hat, dass ein Serbe in Bosnien, in Sarajevo, unseren Thronfolger Franz Ferdinand ermordet hat und dass der Kaiser in Wien daraufhin den Serben ein Ultimatum gestellt hat, das die Serben angeblich abgelehnt haben. Jetzt befürchtet der Pfarrer, dass es deshalb zu einem Krieg kommen könnte.«

»Das glaube ich nicht«, antwortete meine Großmutter, »so schnell geht das nicht. Der Kaiser ist vernünftig, er wird sich nicht auf einen Krieg einlassen, und schließlich ist Franz Ferdinand nicht unersetzbar.«

»Mag schon sein«, erwiderte meine Mutter, »aber ich habe doch Angst. Wenn Johann einrücken müsste, wie sollen wir denn ohne ihn zurechtkommen?«

»Beruhige dich Katharina, das wird schon nicht passieren. Schließlich hat die österreich-ungarische Armee genug Berufssoldaten, die im Ernstfall unser Vaterland zu verteidigen wissen, da bin ich mir ganz sicher, und außerdem sind wir so weit weg von Österreich, dass die in Wien gar nicht mehr wissen, dass es uns überhaupt gibt.«

Großmutter sollte jedoch bald eines Besseren belehrt werden, denn schon wenige Tage darauf, am 28. Juli, erklärte der greise Kaiser Franz Josef Serbien, das die slawischen Nationalitäten in der Donaumonarchie schon seit langem aufwiegelte, den Krieg. Einige Tage später folgte dann die Kriegserklärung des mit Wien verbündeten deutschen Kaisers zuerst an Russland, das Serbien Unterstützung zugesagt hatte, und dann auch noch an Frankreich. Deutsche Truppen erzwangen ohne Genehmigung den Durchmarsch durch Belgien und verletzten damit die Neutralität eines Landes, was eine Kriegserklärung Englands nach sich zog. Der Erste Weltkrieg hatte begonnen, es war der Anfang vom Ende unserer vertrauten Welt.

Ich konnte mir damals nicht vorstellen, was Krieg bedeuten würde, aber die gedrückte Stimmung von Mutter und Großmutter bereitete mir unterbewusst Angst. Nicht ohne Grund, denn schon bald sollte der Krieg auch in unser Leben eingreifen. Entgegen Großmutters Voraussage erhielt mein Vater ebenso wie viele andere Männer unseres Dorfes nämlich ganz schnell die Einberufung zum Militär – Wien hatte uns keineswegs vergessen. Wir waren traurig, und die Tränen flossen, als wir uns von Vater verabschiedeten. Immerhin wussten wir nicht, was jetzt noch alles auf uns zukam und ob wir ihn wiedersehen würden.

Vorerst aber änderte sich für uns Kinder nicht viel. Die Tage verliefen und begannen wie gewohnt. Wir frühstückten unseren Hefekuchen oder das Brot vom Vortag und tranken dazu entweder Milch oder Tee. Unser so genannter Tee war eigentlich kein richtiger Tee, sondern wurde hergestellt aus alten, harten Brotkrusten, die mit kochendem Wasser aufgebrüht wurden. Ansonsten gab es Kamillentee, doch den mochte ich nicht und trank ihn nur, wenn ich krank war. Ganz anders meine Schwester Anna, die Kamillentee liebte und Unmengen davon in sich hineinschütten konnte.

An warmen milden Abenden trugen die Erwachsenen nach dem Essen ihre Stühle hinaus auf die Straße, stellten sie in Reih und Glied auf, setzten sich hin und genossen die Abendsonne. Man besprach die Ereignisse des vergangenen Tages oder der vergangenen Woche. Früher hatte sich alles um den Dorfklatsch gedreht, doch jetzt hatte die große Politik Einzug in unser Dorfleben gehalten. Auch wenn man nach wie vor wenig wusste, denn kaum jemand las Zeitung, und Radios waren ein Luxus für reiche Leute, waren der Krieg und die Männer an der Front das Hauptgesprächsthema. Währenddessen spielten wir Kinder auf der Straße »Räuber und Gendarm«. Es waren schöne, unvergessliche Abende. Oft dachte ich später an die unbeschwerten Tage meiner Kindheit zurück, als wir noch keine Ahnung hatten, wie sehr sich unser Leben ändern würde.

Unsere Familie hatte bisher keinen Grund, übermäßig besorgt zu sein, denn Vater war nicht allzu weit von unserem Dorf entfernt stationiert, so dass wir ihn in regelmäßigen Abständen besuchen und mit Lebensmitteln versorgen konnten. Die Verpflegung beim Militär war nämlich äußerst schlecht. Das Soldatenbrot wurde aus schwarzem Mehl gebacken, schmeckte sauer und war hart. Vater freute sich jedes Mal, wenn wir kamen, denn wir brachten immer etwas Abwechslung in den Speiseplan. Auch seine Kameraden, die nicht das Glück hatten, so nah bei ihren Familien zu sein, bekamen von dem Segen ab. Das konnten wir uns leisten, zu essen hatten wir immer genug. Meist blieben wir bei diesen Besuchen über Nacht und packten deshalb Decken und Polster ein, damit wir es auf dem Wagen bequem hatten.

Auch in der Schule ging alles seinen gewohnten Gang. Ich ging nicht gerne dorthin, denn das Lernen bereitete mir keine Freude, und ich fieberte bereits dem Ende der Schulzeit entgegen, die bei uns auf dem Dorf vier Jahre betrug. Ich war der Meinung, dass ich alles, was ich zum Leben wirklich brauchte, am besten zu Hause von Mutter oder Großmutter lernen konnte. Wir hatten eine Schultracht, die aus einem langen Faltenrock mit Schürze und einer weißen Bluse bestand. Genauso gingen wir auch sonntags zur Messe – der einzige Unterschied bestand darin, dass die Schultracht alt und abgenutzt, die Sonntagskleidung dagegen relativ neu war. Bei mir war das noch einmal anders, denn als Zweitgeborene bekam ich nie neue Sachen, sondern musste immer Annas Kleidung auftragen.

Meine Lehrerin hieß Frau Welcher, und so im Nachhinein betrachtet, muss ich zugeben, dass sie es weiß Gott nicht leicht hatte. Viele Schüler brachten weder genügend Zeit noch Interesse mit oder erschienen sogar nur unregelmäßig zum Unterricht, weil sie zu Hause anpacken und zudem im Wald Reisig und Holz sammeln mussten. Auch für die meisten Eltern war die Schule nicht wichtig – Lernen war vergeudete Zeit, denn letztendlich würden die Kinder ohnehin später die elterlichen Felder bestellen oder sich dem Haushalt widmen und eine Schar von Kindern großziehen. Was nützte da schon der schulische Wissensstoff? Nur wenige Schüler auf dem Land zeigten neben Begabung auch Interesse und schafften den Übertritt auf die weiterführende Bürgerschule in Titel. Aber zu diesen Ausnahmen zählte ich bestimmt nicht.

Im Sommer 1916 hatte ich mit Müh und Not mein zweites Schuljahr hinter mich gebracht und freute mich auf unbeschwerte Ferien. Es war heiß in diesem Juli, und am liebsten wären wir Kinder jeden Tag zum Baden an die Theiß gegangen, aber es ging nicht immer nach unserem Kopf. An einem dieser wunderschönen Tage beschlossen Mutter und Großmutter, Marmelade einzukochen. Deshalb erhielten wir Kinder den Auftrag, die Marillen zu ernten. Ich erinnere mich noch an meinen Ärger, denn diese Sache würde sicher einige Stunden in Anspruch nehmen, während sich unsere Freunde schon am Theißufer vergnügten.

Als wir mit der Ernte fertig waren, schlichen Anna und ich uns heimlich davon, bevor Mutter uns mit einem neuen Auftrag an Haus oder Hof fesseln konnte. Hans, der noch zu klein war, ließen wir im Garten zurück. Unsere Badekleider sowie die Schwimmbretter hatten wir bereits vorsorglich beim Tor hinterlegt. Nun mussten wir nur noch ungesehen unter den Fenstern und am Haus vorbei, und vor uns lag ein herrlicher

Nachmittag mit unseren Freunden an der Theiß. Es sollte ein Albtraum werden.

Am Flussufer angekommen zogen wir uns rasch um. Badekleidung im üblichen Sinn gab es nicht, zumindest nicht bei uns. Wir trugen einfach alte lange Röcke und ausrangierte Blusen. Die Burschen waren mit Schürzen bekleidet, die sie zwischen den Beinen zusammenbanden. Sie hatten aus Lehm eine Rutsche gebaut, die vom Uferrand steil ins Wasser führte. Anna war viel zu feige – niemals würde sie es wagen, auf diese Rutsche zu steigen. Ich hingegen konnte es kaum erwarten, obwohl ich wie die meisten anderen Kinder nicht schwimmen konnte. Aber dafür hatten wir schließlich unsere Schwimmbretter. Sie waren aus Binsen geflochten, etwa fünfzig Zentimeter lang und zwanzig Zentimeter breit, und mit ihnen konnten wir uns hervorragend über Wasser halten. Auf dieser Lehmrutsche sahen wir Mädchen uns vor ein besonderes Problem gestellt, denn es war schrecklich schwierig, beim Rutschen unsere langen Röcke zumindest bis über die Oberschenkel zu ziehen und festzuhalten – immerhin hatten wir darunter nichts an. Beim Eintauchen war es dann egal, denn das Wasser war trüb und schlammig, so dass niemand etwas Verbotenes sehen konnte, wenngleich die Burschen sich redlich Mühe gaben. Fest presste ich mein Brett an die Brust und sauste die Rutsche hinunter – es war ein herrliches Vergnügen, und ich konnte nicht genug bekommen. Aber man musste sich als Mädchen schon energisch durchsetzen, wollte man die Rutsche benützen, denn die Jungen drängten uns immer zur Seite. Doch mit mir hatten sie da kein leichtes Spiel, denn ich ließ mir nichts gefallen.

Wieder einmal hatte ich es geschafft und stand oben auf der Rutsche, unmittelbar vor mir rutschte der Sepp hinunter und tauchte vor meinen Augen mit seinem Brett ins Wasser. Ich schaute nicht weiter hin, denn ich war ganz mit meinem Rock beschäftigt, doch als ich dann im Wasser ankam, war von Sepp nichts zu sehen, nur sein Brett trieb herrenlos auf der Wasseroberfläche. Im ersten Moment dachte ich mir nichts dabei, erst als ich ans Ufer kletterte und Sepp nicht sah, überfielen mich böse Ahnungen. Ich blickte zurück aufs Wasser – die Strömung hatte das Brett bereits ein gutes Stück flussabwärts getrieben, wo es sich in Zweigen, die weit ins Wasser ragten, verfangen hatte. Aber wo war Sepp?

Ich lief zur Rutsche und versuchte verzweifelt, den anderen klarzumachen, dass Sepp nicht mehr da war und ich zuletzt gesehen hatte, wie er ins Wasser geglitten war. Doch ich konnte mir kein Gehör verschaffen, niemand nahm mich ernst, niemand hörte mir zu. Ich lief zu Anna, die am Ufer saß und ihre Füße im Wasser baumeln ließ, und versuchte ihr zu erklären, dass Sepp einfach verschwunden war. Meine Schwester war auch noch ein Kind und ebenso hilflos wie ich. Trotzdem versuchten wir gemeinsam, den anderen Kindern den Ernst der Situation klarzumachen, doch vergebens. Sie meinten nur, dass er vielleicht nach Hause gegangen sei. Sein immer noch im Gestrüpp hängendes Schwimmbrett widersprach allerdings eindeutig dieser Vermutung.

Anna und ich hatten für diesen Tag genug vom Baden und gingen mit gesenkten Köpfen nach Hause. Zuerst schwiegen wir über das Vorgefallene, aber Mutter erkannte sofort, dass wir etwas verheimlichten, und wir mussten mit der Sprache herausrücken. Sie schlug in heller Aufregung die Hände über dem Kopf zusammen.

»Der Sepp wird doch nicht etwa ertrunken sein! Ihr hättet sofort nach Hause laufen und die Erwachsenen benachrichtigen müssen, anstatt die anderen Kinder in Aufregung zu versetzen. Was machen wir jetzt nur?«

Großmutter mischte sich in unser Gespräch ein und meinte: »Komm Barbara, wir gehen sofort zu Seppels Mutter, und du erzählst ihr genau, was du gesehen hast. Aber vielleicht ist er ja wirklich bereits daheim.«

Sepp war jedoch nicht zu Hause und auch nicht an der Theiß. Jetzt wurden Feuerwehr und Gendarmerie verständigt, und man unternahm alles nur Erdenkliche, um den Jungen zu finden. Doch sämtliche Bemühungen waren vergeblich – Sepp blieb unauffindbar und tauchte nie wieder auf. Ich war die Letzte, die ihn gesehen hatte.

Tagelang lief ich im Schock herum und machte mir Vorwürfe. Um mich abzulenken, beschloss meine Mutter, dass ich mit ihr fahren durfte, meinen Vater zu besuchen. Wie immer packten wir Lebensmittel und andere Sachen zusammen und verstauten sie auf dem Wagen. Gegen Mittag waren wir endlich fertig, und ich kletterte zu Mutter auf den Kutschbock. Der Weg war holprig, ausgefahren und voller Schlaglöcher. Unser guter Jokl trabte langsam seinen Weg und war trotz allem Zureden zu keiner schnelleren Gangart zu bewegen. Am späteren Nachmittag sahen wir endlich in der Ferne im Licht der Abendsonne die Umrisse der provisorisch aus dem Boden gestampften Soldatenunterkünfte auftauchen.

Beim Regiment angekommen, wurden wir vom Wachposten angehalten.

»Wir möchten meinen Mann, Johann Lehmann, besuchen«, sagte Mutter und fügte noch irgendeine Nummer oder Ähnliches hinzu, ich habe es nicht genau verstanden.

Wir hatten Glück, dass der Wachposten deutsch sprach, denn nach seinem Akzent zu urteilen, war er Ungar. Naturgemäß dienten in Vaters Regiment überhaupt wesentlich mehr Ungarn als deutsch sprechende Soldaten, denn schließlich gehörte unsere Gegend zum ungarischen Teil der Donaumonarchie.

Wir mussten uns fast eine halbe Stunde gedulden, bis wir Vater endlich kommen sahen. Schnell kletterten wir vom Wagen herunter, flogen ihm entgegen und wir fielen uns alle vor Wiedersehensfreude in die Arme. Vater war mager geworden, sein ohnehin schon kantiges Antlitz wirkte noch schärfer, unter seinen Augen lagen dunkle Schatten. Ich hatte ihn sehr lange nicht gesehen, und mit einem Mal kam mir sein ohnehin von Wind und Wetter gegerbtes Gesicht alt und faltig vor: in seinen schönen dunklen Haaren entdeckte ich graue Strähnen. Ich war irritiert – Vater war mir in der Zeit unserer Trennung irgendwie fremd geworden.

Bis zehn Uhr abends durfte er an diesem Tag die Kaserne verlassen. Meist war sein Dienstplan von vornherein genau festgelegt, so dass wir wussten, wann der Zeitpunkt für einen Besuch günstig war. Es war jedoch auch schon vorgekommen, dass Mutter unverrichteter Dinge wieder zurückfahren musste, wenn Vater aus irgendeinem Grund keinen Ausgang bekam. Sie gab dann die Lebensmittel beim Wachposten ab und hoffte, dass sie ihren Mann auch wirklich erreichen würden.

An diesem Tag aber hatte alles wunderbar geklappt. Wir stiegen auf den Wagen, machten es uns bequem und ließen uns das mitgebrachte Essen schmecken. Mutter erzählte von zu Hause, von Großmutters Sommergrippe, von Großvaters Zahnschmerzen, dass ihm ein Zahn gezogen werden musste und dass er die ganze Nacht gejammert hatte. Das sagte sich so leicht, aber wenn man bedenkt, unter welchen Umständen damals Zähne gezogen wurden, kann man die Tortur ermessen. Schmerz- und Betäubungsmittel waren auf dem Land unbekannt, und es gab keine Zahnärzte mit richtiger Ausbildung und guten Instrumenten. Zähne wurden bei uns vom Friseur gezogen!

Am frühen Nachmittag des darauffolgenden Tages machten wir uns langsam auf den Heimweg, denn wir wollten vor Einbruch der Dunkelheit wieder zu Hause sein. Es war ein schwerer, tränenreicher Abschied. Zurückblickend kommt es mir vor, als habe meine Mutter gespürt, dass sie ihren Mann das letzte Mal umarmen würde, denn sie schluchzte unaufhaltsam leise vor sich hin. Ihre Ängste schienen sich zu bestätigen. Zwei Wochen später wurde Vaters Regiment ganz überraschend nach Italien verlegt, und es gab keinen weiteren Besuch mehr.

Den ganzen langen Weg nach Hause war Mutter äußerst wortkarg, und ich konnte ihre Traurigkeit spüren. Auch das Wetter war nicht dazu angetan, unsere Stimmung zu heben. Es goss in Strömen, und der Wind drückte den Regen unter die Plane, sodass wir bald bis auf die Haut durchnässt waren. Der Weg verwandelte sich zusehends in eine lehmige, schlammige Brühe, die sich vor allem in den tief ausgefahrenen und ausgewaschenen Löchern sammelte. Unser armer Jokl, der nicht mehr der Jüngste war, quälte sich Meter für Meter weiter – es bereitete ihm enorme Mühe, den Wagen auf der aufgeweichten Straße vorwärts zu ziehen.

Nur sehr langsam legten wir Kilometer um Kilometer zurück, bis es plötzlich einen gewaltigen Ruck gab, unser Wagen sich leicht zur Seite neigte und trotz gewaltiger Anstrengung des braven Jokl festsaß. Mutter sprang vom Wagen, um zu sehen, was passiert war. Knöcheltief versank sie dabei im Schlamm und konnte kaum einen Fuß vor den anderen setzen. Ziemlich verzweifelt rief sie zu mir herauf: »Unser linkes Vorderrad ist in den Graben geraten. Ich glaube kaum, dass unser Jokl die Kraft besitzt, den Wagen da wieder herauszuziehen. Was machen wir jetzt nur?«

Mutter stieg wieder zu mir auf den Wagen, nahm mich fest in den Arm und schluchzte. Ich erinnere mich noch sehr gut, dass mich eine schreckliche Panik befiel, denn so hatte ich Mutter noch nie gesehen, so rat- und hilflos. Zu allem Überfluss fielen mir auch noch Großmutters Schauergeschichten von Überfällen auf einsamen Straßen ein, die sie uns abends vor dem Einschlafen immer erzählte – und gerade jetzt brach die Dämmerung herein.

Wir spähten suchend in die Ferne, doch weit und breit war kein Haus zu sehen. Seitlich des Weges, der auf einer Seite von knorrigen Bäumen gesäumt wurde, erstreckte sich, so weit unser Blick reichte, nichts als flaches, ebenes Land.

»Wenn wir doch wenigstens den armen Jokl irgendwo unterstellen könnten, der wird uns ja noch krank«, sagte ich.

»Vielleicht kann ich ihn ja dort unter den Baum stellen, die Erde darunter sieht ganz trocken aus«, überlegte Mutter und wies auf einen gewaltigen Baum abseits des Weges.

Gesagt, getan. Sie stieg erneut vom Wagen hinunter in den Schlamm, spannte das Pferd aus und führte es zu diesem einsam stehenden Baum, vermutlich eine alte Eiche. Dort band sie Jokl fest, der auf diese Weise durch das dichte Blätterdach zumindest ein wenig vor dem anhaltenden Regen geschützt war.

Inzwischen war es völlig dunkel geworden, und jetzt konnten wir zu unserer Erleichterung in der Ferne einen leichten Lichtschein wahrnehmen. Allerdings lag zwischen diesem und uns ein weites, durch den Regen völlig aufgeweichtes Feld.

»Mutter, können wir nicht dort hingehen, vielleicht hilft uns jemand, ich habe Angst hier draußen, es ist so dunkel.«

»Ich denke nicht«, erwiderte meine Mutter, »das ist zu weit entfernt, und in der Dunkelheit kann man nicht erkennen, ob es einen Weg gibt, denn über das Feld können wir nicht laufen, da würden wir im Schlamm versinken.«

Es blieb uns nichts anderes übrig, als die Nacht im Wagen zu verbringen. Wir zündeten die Petroleumlampe an, die wir dabeihatten, und Mutter wickelte mich noch in eine zusätzliche Decke zum Schutz gegen die zunehmende Kälte. Die Lampe verbreitete einen sanften Schein, und ich musste an unsere warme, gemütliche Küche denken, in der jetzt wahrscheinlich ebenfalls die Petroleumlampe brannte. Anna und Hans lagen bestimmt schon in ihren warmen Betten und schliefen tief und fest. Ich dagegen hockte auf einer einsamen Straße und verspürte zudem ein dringendes Bedürfnis. Zu Hause hatten wir nur ein einfaches Plumpsklo und benutzten Maisblätter als Toilettenpapier, aber verglichen mit meiner jetzigen Situation kam mir diese primitive Einrichtung wie absoluter Luxus vor. Es half jedoch nichts – ich musste hinunter in den Matsch und mich dort irgendwo hinhocken. Mutter begleitete mich, aber meine Angst konnte auch sie nicht sonderlich mildern. Erst als ich wieder in Decken gehüllt neben Mutter auf dem Wagen saß und unser letztes Stück Kuchen aß, kehrte langsam etwas Ruhe in mein aufgewühltes Gemüt zurück.

An diesem Abend hatte ich das Gefühl, nie einschlafen zu können. Der Wind rauschte in den Blättern der Bäume und zerrte bedrohlich an unserer Plane. Der Regen, wenn auch inzwischen etwas weniger geworden, prasselte unaufhörlich auf unser Wagendach. In der Ferne hörten wir Donnergrollen, und in regelmäßigen Abständen zuckten grelle, bizarre Blitze über den nachtschwarzen Himmel, die sich von Mal zu Mal bedrohlich näherten. Die Feuchtigkeit zog durch die Decken bis auf unsere Haut. Es war kalt und ungemütlich in unserem unfreiwilligen Nachtlager. Doch selbst diese schreckliche Nacht nahm einmal ein Ende, und als ich nach einem unruhigen Schlaf am Morgen erwachte, ging bereits strahlend die Sonne hinter den Bäumen auf.

Mutter war schon auf den Beinen, hatte unser Pferd

bereits gefüttert und trocken gerieben. Wir selbst hatten nichts mehr zu essen dabei, denn dieser verlängerte Aufenthalt war schließlich nicht geplant gewesen. Also mussten wir die nächsten Stunden mit knurrendem Magen überstehen. Vor allem aber brauchten wir Hilfe, um unseren Wagen aus dem Schlamm zu befreien.

Mit unendlicher Erleichterung stellten wir fest, dass wir uns nicht geirrt hatten, als wir in der Nacht den Lichtschein entdeckten. Jetzt, am hellen, sonnigen Tag, konnten wir deutlich die Umrisse eines Hauses am Horizont erkennen. Allerdings standen wir nun einem neuen Problem gegenüber. Wir mussten unseren Wagen unbewacht zurücklassen, wenn wir uns auf den Weg zu diesem Haus machten. Es blieb uns nichts anderes übrig, und wir konnten nur hoffen, ihn nach unserer Rückkehr unversehrt vorzufinden. Jokl aber wollten wir auf jeden Fall mitnehmen.

Wir warteten noch einige Stunden, bis der Boden etwas abgetrocknet war, und Gott sei Dank schien es ein heißer Tag zu werden, denn die Sonne hatte trotz der frühen Morgenstunde bereits enorme Kraft. Außerdem hofften wir immer noch, dass in der Zwischenzeit vielleicht ein anderer Wagen vorbeikommen würde. Zu unserem Leidwesen erfüllten sich unsere Hoffnungen nicht, und so blieb uns nichts anderes übrig, als uns am späten Vormittag auf den Weg zu machen. Wir führten das Pferd mit uns – reiten konnten wir nicht, niemand von uns hatte es je gelernt, was wir in diesem Moment sehr bedauerten.

Obwohl die Erde noch immer sehr weich war, kamen wir ganz gut voran, ohne übermäßig einzusinken. Meine Schuhe allerdings wurden sehr in Mitleidenschaft gezogen. Ich war ganz unglücklich darüber, denn ich hatte nur dieses Paar und fand es wunderschön. Mutter versuchte mich zu trösten – sie versprach, dass sie meine Schuhe bestimmt wieder sauber bekommen würde.

Endlich erreichten wir das einsam gelegene Haus. Unser Klopfen blieb ungehört, und wir befürchteten schon, es könnte niemand zu Hause sein. Mutter überlegte dann, dass die Bauersleute vielleicht gerade in den Stallungen waren, denn auf die Felder konnten sie nach dem Wolkenbruch der letzten Nacht nicht gegangen sein. Es fiel uns ein Stein vom Herzen, als wir tatsächlich jemanden im Stall antrafen.

Es war ein ungarischer Bauer, der gerade damit beschäftigt war, seine Schweine zu füttern. Zu unserem Glück sprach er ein wenig deutsch; jedenfalls genug um zu verstehen, worum es uns ging. Der Mann war ausgesprochen freundlich und erklärte sich sofort bereit, uns zu helfen. Ausgestattet mit einigen Brettern, einem Wagen und zwei starken Pferden machten wir uns in Begleitung des Ungarn auf den Rückweg. Wir waren heilfroh, den Weg nicht noch einmal zu Fuß zurücklegen zu müssen – es war doch sehr ermüdend gewesen, durch die aufgeweichte Erde zu stapfen. Unser Pferd banden wir hinten am Wagen fest.

Da die Sonne den Boden mittlerweile weitgehend getrocknet hatte, gelang es relativ schnell, unseren Wagen mittels mitgebrachter Bretter und der kräftigen Pferde auf den Weg zurückzuziehen. Mutter bedankte sich überschwänglich bei dem hilfreichen Bauern und versprach, bei unserem nächsten Besuch bei Vaters Regiment einen Abstecher zu seinem Hof zu machen und ein Geschenk vorbeizubringen.

Am Nachmittag saßen wir dann endlich auf unserem Wagen und kutschierten weiter in Richtung Rudolfsgnad, wo uns schon alle in heller Aufregung entgegenliefen, denn schließlich hatte man bereits am Abend zuvor mit unserer Rückkehr gerechnet. Jetzt waren alle froh, dass wir heil wieder zu Hause waren, und wir saßen noch lange in der Küche beisammen und erzählten von unserem unfreiwilligen Abenteuer.

Ein schmerzvoller Verlust

Nach wie vor ging das Leben weiter seinen gewohnten Gang, nur dass wir Vater nicht mehr besuchen konnten, da er nun in Italien war. Ansonsten merkten wir nichts vom Krieg – die Front war nicht mehr in unmittelbarer Nähe, denn Serbien war rasch besiegt worden, und zu essen hatten wir ausreichend. Ich erinnere mich noch, dass ich dachte, Krieg sei eigentlich gar nicht so schlimm, wie die Erwachsenen immer sagten. Zweieinhalb Jahrzehnte später sollte ich darüber anders denken.

Ein Tag reihte sich mehr oder weniger ereignislos an den anderen, und jede Nachricht von Vater war ein besonderes Ereignis. Dann versammelten wir uns in der Küche um unseren Tisch, und Anna hatte immer die Aufgabe, den Feldpostbrief vorzulesen. Sie war nämlich die Einzige, die Vaters manchmal unleserliche Schrift entziffern konnte.

An einem kalten Novembernachmittag des Jahres 1918 geschah etwas, das für unser Leben größere Konsequenzen hatte als der Krieg, der gerade durch einen Waffenstillstand zu Ende gegangen war. Mutter war in den Hof hinausgegangen zu den Ställen, um die Tiere zu füttern. Ich weiß nicht genau, was passierte, aber irgendwie muss sie gestürzt sein.

Großmutter, Anna, Hans und ich, wir saßen um den warmen Backofen und hatten gerade einen frischen

Brotteig hineingeschoben, als wir sie rufen hörten. Alle vier sprangen wir erschrocken auf und rannten nach draußen, denn die Tonlage ihrer Stimme hatte sich beängstigend und unnormal angehört. Wir fanden Mutter mit vor Schmerz verzerrtem Gesicht vor der Haustür auf der Erde liegen. Nur schwer konnten wir ihre leisen, unter Stöhnen hervorgebrachten Worte verstehen.

»Ich bin gestolpert und kann nicht aufstehen«, meinte sie. »Mein Bein tut so entsetzlich weh, ich glaube es ist gebrochen, helft mir ins Haus, ich schaffe es nicht alleine.«

Großmutter beugte sich hinunter und begutachtete Mutters Bein.

»Sieht gar nicht so schlimm aus, Katharina, ich glaube, dass es nur eine Schürfwunde ist. Komm, Anna und ich helfen dir, das wird schon wieder.«

Schwer auf Großmutter und Anna gestützt, gelang es Mutter, mit zusammengebissenen Zähnen und blutleeren Lippen das Haus und ihr Bett zu erreichen.

Zunächst schien es wirklich nicht weiter tragisch zu sein. Mutter hatte lediglich eine kleine, offene Wunde am Schienbein. Sorge bereitete uns allerdings, dass sie das verletzte Bein kaum belasten konnte. Großmutter säuberte die Wunde mit warmem Wasser, wickelte ein weiches Tuch darum und rief Anna zu, noch ein Stück Holz auf die Feuerstelle zu legen. Draußen war es kalt geworden, obwohl noch eine fahle Wintersonne schien, die den dünnen Schneebelag auf dem Damm wie eine Zuckerschicht aussehen ließ.

Mutter fror trotz der dicken Decken, die ihren Körper einhüllten, und ihre Zähne klapperten sogar vor

Kälte. Deshalb ließen wir die Tür zu Mutters Schlafzimmer weit offen, damit etwas mehr Wärme aus der Küche zu ihr vordringen konnte. Ich erinnere mich noch genau, dass Anna und ich uns zu ihr ans Bett setzten und mit ihr über alles Mögliche redeten, nur um sie etwas aufzuheitern. Allerdings war es ein sehr einseitiges Gespräch, denn wir bekamen kaum eine Antwort. Sie hatte sichtlich starke Schmerzen, denn immer wieder traten Tränen in ihre Augen, auch wenn sie diese tapfer vor uns zu verbergen versuchte.

Großmutter wandte sich an ihren Mann und sagte: »Wenn es bis morgen nicht besser wird, müssen wir den Arzt kommen lassen. Geh doch mal und frag nach, ob er schon zurück ist. Ich habe gehört, dass er letzte Woche nach Budapest gefahren sein soll und angeblich zwei ganze Wochen wegbleiben will.«

»Ich brauch erst gar nicht hinzugehen, ich weiß auch so, dass er nicht da ist«, antwortete Großvater.

Am nächsten Tag ging es Mutter wesentlich besser. Ihr Bein war zwar stark geschwollen, aber die Schmerzen hatten nachgelassen und waren, laut Mutters Aussage, einigermaßen erträglich, solange sie nicht versuchte, das verletzte Bein zu belasten. Sie blieb im Bett, und wir hofften alle, dass in ein paar Tagen der Spuk vorbei sein würde. Aber es kam ganz anders.

Drei Tage nach dem Sturz verschlechterte sich Mutters Zustand zusehends. Jetzt klagte sie über heftige Kopfschmerzen, fühlte sich unendlich matt, hatte Anfälle von Schüttelfrost und Großmutters sämtliche Kräuter und Tees bewirkten nichts. Am Nachmittag meinte Großvater dann. »Nun ist es genug, ich werde Katharina jetzt sofort zum Arzt bringen. Anna, hilf mir, deine Mutter schön warm anzuziehen, draußen ist es kalt.« Da unser Dorfarzt wirklich noch nicht zurück war, wollte Großvater zu einem Arzt nach Titel fahren. Die Großeltern schienten Mutters Bein mit Hilfe eines Besenstiels, packten sie dann in dicke Decken, betteten sie vorsichtig auf eine Pritsche und hoben sie mit Hilfe eines Nachbarn auf den Wagen. Dann setzte sich das Gespann in Bewegung. Wir Daheimgebliebenen konnten nichts anderes tun, als in der Küche unter dem Herrgottswinkel still zu beten.

Es war eine Höllenfahrt für Mutter auf dem holprigen, ungefederten Wagen. Großvater berichtete uns später, dass sie bei der Ankunft in Titel unter schweren Krampfanfällen litt und verzweifelt nach Atem rang. Der Arzt war gottlob anwesend und kletterte sofort zu Mutter auf den Wagen, um sich ihr Bein anzusehen. Er ließ sich viel Zeit und untersuchte sie lange und gründlich. Dann stieg er mit ernstem Gesicht vom Wagen herunter, nahm Großvater beiseite und trat verlegen von einem Bein auf das andere, bevor er stockend mit der Sprache herausrückte.

»Herr Lehmann, es tut mir leid, was ich Ihnen jetzt sagen muss. Ihre Schwiegertochter hat sich beim Sturz das Schienbein gebrochen, aber der Bruch ist nicht das Problem. Was mir wirklich Sorgen bereitet, ist die offene Wunde an ihrem Bein, denn diese hat sich infiziert und einen Wundstarrkrampf ausgelöst, gegen den ich völlig machtlos bin.«

»Was heißt das, Sie sind machtlos? Sollen wir mit Katharina zu einem anderen Arzt gehen, vielleicht sogar nach Belgrad, oder was meinen sie damit, dass Sie machtlos sind?«

»Ich glaube, Sie haben mich nicht richtig verstanden, Herr Lehmann. Kein Arzt, auch keiner in den großen Städten, vermag Ihrer Schwiegertochter zu helfen. Ich denke, dass sie kaum mehr als zwei oder drei Tage zu leben hat, vielleicht auch vier – es tut mir so leid, aber ich kann Ihnen nichts anderes sagen. Fahren Sie wieder nach Hause mit ihr.«

Großvaters Gesicht wurde aschfahl: »Oh Gott, das kann doch nicht wahr sein! Wir brauchen Katharina doch, vor allem die Kinder, denn mein Sohn ist noch nicht aus dem Krieg zurück, und wir haben lange nichts von ihm gehört. Was soll ich bloß zu Hause sagen?

»Die Wahrheit, Herr Lehmann, einfach die Wahrheit«.

Dicke Nebelschwaden zogen über das flache Land und senkten sich auf die Felder, als Großvater niedergeschlagen wieder seinen Kutschbock bestieg, um seine dem Tod geweihte Schwiegertochter nach Hause zu bringen. Es war bereits dunkel, als sie in Rudolfsgnad ankamen, und kein Stern erhellte den nachtschwarzen Himmel. Erwartungsvoll stürzten die Großmutter und einige Nachbarn herbei, um zu helfen. Gemeinsam trugen sie Mutter, die ohne Bewusstsein zu sein schien, ins Schlafzimmer. Wir alle erkannten, dass es schlecht stand, und ein schreckliches Angstgefühl schnürte meine Kehle zu. Anna schluchzte hysterisch, und Hans, der noch nicht den Ernst der Lage begriff, sah uns stumm mit seinen großen Augen an. Großmutter sagte immer und immer wieder: »Oh Gott, oh Gott, steh uns bei ...«

Mutters Zustand verschlechterte sich zusehends, und es gelang Großmutter nicht, ihr auch nur einen einzigen Löffel Suppe einzuflößen. Immer wieder verlor sie das Bewusstsein. Die ganze Familie wachte an ihrem Bett, die ganze Nacht, den ganzen Tag und eine weitere Nacht.

Nur Hans, der das alles nicht mit ansehen sollte, hatten wir für ein paar Tage zu Mutters Bruder, Johann und seiner Frau Magdalena gegeben, die nur ein paar Häuser weiter wohnten und selbst keine Kinder hatten.

Die Minuten wurden zu Stunden und die Stunden zu Tagen. Wir verspürten keinen Hunger und keinen Durst, nur Verzweiflung und Angst. Als Mutter am folgenden Morgen das letzte Mal das Bewusstsein erlangte, drücke sie leicht meine Hand, die der ihren am nächsten war, und sah mich mit unendlich traurigen Augen an. Vergeblich versuchte sie, Worte zu formen, aber es kam nur ein undeutliches Lallen von ihren Lippen. Jahrelang habe ich darüber gegrübelt, was sie mir wohl noch sagen wollte, um was sie mich vielleicht bitten wollte, doch eine Antwort fand ich nie.

Draußen herrschte dichtes Schneetreiben, und es war, als würde der Himmel mit uns trauern. Großmutter schickte eine Nachbarin zum Pfarrer, der Mutter die letzte Ölung gab und versuchte, uns Trost zu spenden, aber seine Worte drangen nicht zu uns durch – zu sehr quälte uns die Angst, unsere Mutter zu verlieren. Als sie gegen Mittag starb, waren wir alle an ihrem Bett, sogar mein kleiner Bruder. Unser Onkel hatte ihn hergebracht, weil er unbedingt zu seiner Mama gewollt hatte. Offensichtlich spürte er, dass erschreckende und unheimliche Dinge vor sich gingen. Und so war es auch, denn von diesem Tag an sollte für uns Geschwister nichts mehr sein, wie es einmal war. Unsere für damalige Verhältnisse schöne Kindheit war unwiederbringlich vorüber.

Mutter wurde im elterlichen Schlafzimmer aufgebahrt, und Großmutter zog ihr mit Hilfe von Tante Magdalena die Sonntagstracht an. Das schönste Kopftuch banden sie um ihr Haar, falteten ihr die Hände und legten einen Rosenkranz hinein. Links und rechts vom Bett wurden selbstgezogene Kerzen aufgestellt und angezündet, das Kopfende zierten drei große Krüge mit Chrysanthemen, deren Blüten sich vom Frost bereits leicht braun verfärbt hatten. Einer von uns saß immer an Mutters Bett und hielt die Totenwache. Sie waren traurig, die stummen kindlichen Zwiegespräche zwischen meiner toten Mutter und mir, das Herz lag wie ein Stein in meiner Kinderbrust.

Ich erzählte ihr alles, was ich ihr immer schon hatte sagen wollen, wozu ich aber nie gekommen und was mir auch nie so wichtig erschienen war wie jetzt, wo sie es nicht mehr hören konnte. Ich erzählte ihr stumm von meiner Angst vor der Zukunft, von der Sorge, dass Vater nicht mehr heimkommen könnte und dass Großmutter immer sagte, sie würde ebenfalls bald sterben, und dass wir dann ganz alleine wären – und noch so vieles mehr, was meine Kinderseele belastete.

Drei Tage nach Mutters Tod fand ihre Beerdigung statt.

Wir Kinder standen in unseren besten Kleidern und unseren Mänteln im Laubengang und sahen zu, wie zwei Männer unsere Mutter im offenen Sarg aus dem Haus trugen und auf den geschmückten Wagen stellten. Ein letztes Mal konnte ich einen kurzen Blick auf ihr Gesicht werfen – es war noch bleicher geworden, mit eingefallenen Wangen und tiefliegenden Augen. Wenn ich meine Augen schließe und an damals denke, sehe ich noch heute deutlich ihr Gesicht vor mir mit jeder einzelnen Linie, jeder Falte.

Das halbe Dorf hatte sich vor unserem Haus versammelt. Die Frauen standen in Gruppen zusammen, viele weinten. Die Männer unterhielten sich laut und ohne Rücksicht auf uns, wie es wohl mit den Kindern weitergehen würde. Schließlich waren die Großeltern alt, und vom Vater hatte man lange nichts gehört, obwohl der Krieg vorbei war.

Ganz langsam setzte sich der Trauerzug in Bewegung, und die Pferde trabten in Richtung Kirche. Wir folgten an der Hand unserer Großeltern dem Wagen und hinter uns reihten sich die anderen Trauergäste in den Zug ein. Ich dachte schon, die Totenmesse würde nie enden. Mir war kalt und übel, denn ich hatte am Morgen keinen Bissen hinunterbekommen. Als die Messe endlich zu Ende war und Mutters Sarg geschlossen und wieder auf den Wagen geladen wurde, zogen wir weiter zum Friedhof. Allen voran unser Pfarrer, der laut ein Gebet nach dem anderen herunterleierte, in das die Trauergäste ebenfalls monoton einstimmten. Ich fror in meinem dünnen Mantel, durch den der Wind blies, und musste unaufhörlich daran denken, ob auch meine Mutter frieren würde, wenn sich später die Erde über ihr schloss. Der Gedanke daran war mir so unerträglich, dass ich aufs Neue zu weinen begann.

In dieser Nacht machte ich kein Auge zu, meine Gedanken wanderten immer wieder zu Mutter. Die Gewissheit, sie im Leben nie wieder zu sehen, nie wieder ihre Stimme zu hören, ließ mich keine Ruhe finden – trotz Anna, die dichter als sonst an mich heranrückte und sich an mich klammerte.

Es war am Abend des dritten Tages nach Mutters Beerdigung. Hans spielte vor der Feuerstelle, Großmutter putzte Gemüse für eine Suppe, und Anna half mir bei meinen mir überflüssig erscheinenden Hausaufgaben.

Großvater saß am Tisch, den Kopf in die Hände gestützt, und döste vor sich hin. Abgesehen von seinen gleichmäßigen Atemzügen war es still in unserer dämmrigen Küche, und darum hörten wir auch ganz deutlich die schweren Schritte, die auf der Straße näher kamen, und wir hörten, wie jemand den Laubengang betrat und vor der Haustüre Halt machte. Alle starrten wir wie gebannt zur Tür, die sich nun langsam, ganz langsam öffnete. Draußen war es bereits dunkel, und so dauerte es einen Moment, bis wir erkennen konnten, wer da über unsere Schwelle trat. Es war unser Vater.

Keiner von uns war im ersten Augenblick fähig, ein Wort herauszubringen oder sich auch nur zu bewegen. Alle starrten wir Vater an, als wäre er ein Gespenst – jeder von uns hatte wohl im Geheimen befürchtet, er würde nicht mehr nach Hause kommen, denn viele seiner Kameraden waren längst zurückgekehrt. Nun stand er leibhaftig vor uns. Er war bis auf die Knochen abgemagert, seine Uniform war zerrissen und zerschlissen, seine Schuhe waren nur noch Fetzen. Lang und strähnig hingen ihm seine Haare ins Gesicht, er hatte einen wirren Bart, noch niemals in meinem Leben hatte ich solch einen langen Bart gesehen, aber trotz allem war er es. Unser Vater, der im Türrahmen stand und uns mit tränennassen Augen ansah, war wieder zu Hause.

Als Erster fing sich mein Großvater, der durch das Knarren der Tür aus seinem Halbschlaf aufgeschreckt war. Schwerfällig erhob er sich, ging langsam auf seinen Sohn zu und drückte ihn schweigend an die Brust. Nun erwachten auch wir aus unserer Starre und drängten uns um unseren Vater, dessen Blick suchend durch den Raum ging, und da war sie auch schon, die Frage: »Wo ist Kathi?«

Schlagartig verstummten wir und senkten die Köpfe. Großvater legte den Arm um die Schulter seines Sohnes, zog ihn ganz nahe an sich heran und erzählte ihm langsam mit stockenden, heiseren Worten, was geschehen war. Großmutter weinte und strich immer wieder zärtlich über das wirre Haar ihres Sohnes. Schwer ließ sich Vater auf den nächstbesten Stuhl fallen, legte die Stirn auf den Tisch und weinte leise und sehr, sehr lange. Ich hatte ihn so noch nie gesehen. Er trauerte zutiefst, und dieser Moment hat mich davon überzeugt, dass er meine Mutter, trotz arrangierter Ehe, von Herzen geliebt hat. Am anderen Nachmittag ging er zum Friedhof, um von seiner toten Frau Abschied zu nehmen. Er bestand darauf, allein zu gehen, niemand sollte ihn bei dieser letzten Zwiesprache stören.

Das Ende der Sorglosigkeit

Der Krieg war vorbei. Vierundneunzig Männer aus unserem Dorf waren ihm zum Opfer gefallen. Sie hatten gekämpft für Kaiser und Vaterland, für einen Kaiser und ein Vaterland, die es nun nicht mehr gab. Es gab keine Monarchie mehr und keinen Habsburger Vielvölkerstaat. Österreich und Ungarn, die wie Deutschland den Krieg verloren hatten, mussten im Frieden von Versailles und Trianon auf viele Gebiete verzichten.

Wir gehörten fortan dem neu gegründeten Königreich Jugoslawien an, dessen Staatsbürgerschaft wir auch erhielten. Allerdings durften wir als Minderheit in der Schule weiter in Deutsch unterrichtet werden, statt Ungarisch jetzt mit Serbisch als Fremdsprache.

Wichtiger als diese Neuerungen war für uns jedoch, wie es zu Hause weitergehen sollte. Es bestand kaum ein Zweifel daran, dass Vater wieder eine Frau und wir wieder eine Mutter brauchten, denn die Großeltern waren alt und mit der Hausarbeit völlig überfordert, ganz zu schweigen von der Arbeit auf den Feldern und im Weingarten. Mein Vater brauchte sich nicht viele Gedanken zu machen, wie er eine neue Frau finden sollte, darum kümmerten sich schon unsere Großeltern und Onkel Johann.

Schon wenige Wochen nach Mutters Tod, kurz vor Weihnachten, zog Hannah Mahler bei uns ein. Meine Großeltern fanden, dass bei aller Trauer um unsere

Mutter das Leben so schnell wie möglich seinen gewohnten Gang gehen musste. Heute wäre so etwas unvorstellbar, aber damals dachte man so, denn die Ehe wurde als Zweckverband angesehen.

Hannah war ein paar Jahre jünger als unsere Mutter, dunkelblond, eher klein und etwas rundlich. Sie stammte aus dem Nachbardorf. Ihre blauen Augen blickten kühl; und ich denke, dass es nicht gerade der Traum ihres Lebens war, in ein Haus mit drei Kindern und zwei alten Leuten einzuziehen, aber sie hatte wohl keine Wahl. Ihr Mann war in Russland vermisst, und deshalb brauchte sie jemanden, der sie versorgte. Allerdings konnte sie unseren Vater nicht heiraten, weil ihr Mann noch nicht für tot erklärt war – ein Umstand, der sich einige Jahre später für uns als Glücksfall erweisen sollte.

Das Leben ging weiter. Wir gewöhnten uns an unsere Stiefmutter und sie sich an uns, auch wenn sich zwischen uns keine herzlichen Gefühle entwickelten, aber wir hatten ja unsere Großeltern, die uns mit Liebe überschütteten. Vater war nur noch wenig zu Hause und hatte kaum Zeit für uns, denn die Arbeit auf den Feldern nahm ihn voll und ganz in Anspruch. Auf Großvaters Hilfe konnte er nicht mehr zählen, er war gebrechlich geworden und schleppte sich nur noch von einem Stuhl zum anderen. Mit Großmutter stand es nicht viel besser, aber immerhin konnte sie sich noch um uns Kinder kümmern.

Unsere Stiefmutter spannte uns nach Kräften ein: Wir mussten die Ställe ausmisten, das Haus putzen und auf dem Feld helfen, und es blieb uns nur selten eine freie Minute. Zwar hatten wir früher auch unserer

Mutter zur Hand gehen müssen, aber es blieb uns immer Zeit zum unbekümmerten Spielen entweder allein oder mit den anderen Dorfkindern. Sogar zum Lernen kamen wir kaum, denn Hannah, die selbst weder lesen noch schreiben konnte, hielt das für absolute Zeitverschwendung. Noch vor wenigen Monaten hatte ich mich nach Kräften vor Hausaufgaben gedrückt, jetzt hätte ich mich gerne einmal hingesetzt und für die Schule gelernt.

Ich fand, dass Hannah überhaupt nicht viel konnte, denn sie war auch eine schlechte Köchin und überließ Großmutter nach Möglichkeit diese Aufgabe. Wenn es nach ihr gegangen wäre, hätten wir nur selten eine warme Mahlzeit erhalten. Ihr Einsatz im Haus verringerte sich noch, als im Herbst 1919 ein Kind geboren wurde. Fortan kümmerte sie sich ausschließlich um die kleine Marga, die nicht ganz gesund zu sein schien. Das bedeutete, dass wir noch mehr Hausarbeiten übernehmen mussten. Wir beklagten uns jedoch niemals und genossen die Zeit, wenn wir mit den Großeltern in der Küche oder im Laubengang sitzen und still ihren Erzählungen lauschen konnten.

Dann kam wieder so ein schrecklicher Novembertag wie vor einem Jahr, als Mutter starb. Diesmal war es unser geliebter Großvater, der eines Morgens einfach nicht mehr aufwachen wollte. Großmutter schüttelte ihn und rief immer wieder verzweifelt seinen Namen,

»Nikolaus, Nikolaus, wach auf, du kannst mich doch nicht einfach so alleine lassen. Ich brauche dich doch, bitte wach auf, was soll ich denn noch ohne dich auf dieser Welt. Wach doch endlich auf!«

Doch ihre Bemühungen waren vergebens. Großvater rührte sich nicht, er war im Schlaf ganz still und leise gestorben. Ich konnte es erst nicht glauben, dass uns nun auch noch Großvater verlassen hatte. Erst als er genau wie Mutter im Sarg aus dem Haus getragen wurde, begriff ich das Unfassbare, dass er ebenfalls nie wiederkommen würde; dass er nicht mehr da war, mir beim Füttern der Tiere zu helfen, dass ich mich nie wieder an seiner Brust ausweinen konnte. Wieder einmal weinten Anna und ich uns eng aneinandergekuschelt nachts in den Schlaf. Fortan teilten alle drei Kinder mit Großmutter das Zimmer, aber nichts konnte ihren Kummer mildern.

Kaum drei Wochen nach Großvaters Beerdigung war sie es, die uns Anlass zur Sorge gab. Begonnen hatte es nach dem Frühstück, als sie über Übelkeit klagte und sich wiederholt übergeben musste. Das ging ein paar Tage so weiter, und selbst die vom Arzt verordneten Medikamente brachten keine Besserung – die alte Frau wurde von Tag zu Tag schwächer. Wahrscheinlich hatte ihr Großvaters Tod jeden Lebensmut geraubt, und sie sehnte sich nach Frieden und Ruhe. Sie starb an einem Montagnachmittag ganz ruhig und still. Wir standen um ihr Bett und hielten ihre Hände. Mit leiser Stimme flüsterte sie uns ihre letzten Worte zu: »Meine geliebten Kinder, versprecht mir, dass ihr immer zusammenhaltet, dass nichts und niemand euch je trennt. Zu dritt seid ihr stark – behaltet mich im Herzen und denkt immer daran, dass ich euch sehr, sehr liebe.« Ihr Blick ruhte auf uns, als ihre Stimme versagte und sich ihr Kopf langsam zur Seite neigte.

Nun waren wir alleine, Anna, Hans und ich. Zu wem sollten wir gehen, wenn wir uns von Hannah schlecht oder ungerecht behandelt fühlten? Leider schenkte Vater ihr mehr Glauben als uns, und zudem hatte er genug eigene Sorgen, denn auch für ihn war das Zusammenleben mit Hannah nicht immer ganz leicht.

Es kam Weihnachten, das zweite Weihnachten nach Mutters Tod, das erste Weihnachten nach dem Tod unserer geliebten Großeltern. Es waren traurige Weihnachten. Tannenschmuck hatten wir keinen, und Geschenke gab es auch nicht außer Orangen, Äpfeln und in Papier eingewickelten Würfelzucker. Wieder einmal trauerten wir unserer einst so sorglosen Kindheit nach.

Im Frühsommer hatten wir den nächsten Todesfall zu beklagen, denn im Juni starb unsere kleine Schwester Marga. Obwohl es nicht ganz überraschend kam, weil sie immer kränklich gewesen war, ging uns ihr Tod zu Herzen. Auch wenn es Hannahs Tochter gewesen war, hatten wir die Kleine wie eine wirkliche Schwester geliebt. Sie wurde im Grab unserer Mutter beigesetzt.

Als wir bei Margas Beerdigung am offenen Grab standen, musste ich unentwegt an Mutter denken, und ich fühlte mich ihr sehr nahe. Der ganze Schmerz der vergangenen Jahre brach wieder auf. Ich fand keine Tränen, aber der Druck in meiner Brust war so übermächtig, dass ich dachte, ich müsste daran ersticken.

Nach Margas Tod verschlechterte sich das Verhältnis zwischen uns und unserer Stiefmutter zusehends. Ständig machte sie uns bei Vater schlecht und kümmerte sich überhaupt nicht mehr um uns. Jetzt kochte sie fast gar nicht mehr, außer gelegentlich für Vater, und ob wir Hunger hatten oder nicht, scherte sie nicht im Geringsten. Oft sorgte sie nicht einmal dafür, dass Brot im Haus war. Hannah war verbittert, und wir hatten es auszubaden.

Als sie im Frühjahr 1921 wieder ein Mädchen zur Welt brachte, das wie die tote Schwester den Namen Marga erhielt, wollte sie uns aus dem Haus haben. Sie fand, es sei nicht genügend Platz für alle, obwohl jetzt keine Großeltern mehr da waren und wir drei in diesem Zimmer lebten. Aber Hannah fühlte sich eingeengt. Außerdem war sie der Meinung, dass es für Anna mit ihren sechzehn Jahren eigentlich an der Zeit wäre, zu heiraten.

Wie im ländlichen Banat nach wie vor üblich, machten sie und Vater sich auf die Suche nach einem passenden Kandidaten. Eine der wichtigsten Voraussetzungen war, dass ein Haus vorhanden war, das Platz für eine neue Familie bot, denn Annas Auszug von zu Hause war beschlossene Sache. Sehr schnell, viel zu schnell für Annas und meinen Geschmack, fand sich dann auch ein geeigneter Partner.

Die Wahl unseres Vaters war auf einen jungen Mann aus unserer unmittelbaren Nachbarschaft gefallen. Albert, ein selbstständiger Tischlermeister, wohnte in einem Haus mit seiner Mutter und seinem Stiefvater. Zwei Geschwister waren bereits verheiratet und lebten in Belgrad. Auch sein Halbbruder Anton wohnte nicht mehr zu Hause, sondern in Titel, wo er eine Seilerlehre absolvierte. Im Haus war demzufolge genügend Platz für Anna, und somit erfüllte Albert zumindest in den Augen Hannahs die wichtigsten Voraussetzungen für eine Ehe mit meiner Schwester. Glücklicherweise war Albert ein wirklich netter Kerl, und ich war überzeugt, dass Anna es gut bei ihm haben würde.

Man verlor nicht viel Zeit und lud Albert samt Mutter und Stiefvater bei nächstbester Gelegenheit ein, um über die Heiratspläne zu sprechen. Sehr schnell wurde man sich einig, ohne dabei die zwei wichtigsten Personen, Anna und Albert, nach ihrer Meinung zu fragen. Am Abend, als dann alle wieder gegangen waren, als Anna und ich in unserem Bett lagen und Hans eingeschlafen war, konnte ich endlich ungestört mit Anna sprechen. Wir kuschelten uns wie so oft aneinander, und ich hörte Anna zu.

»Eigentlich finde ich es gar nicht schlimm, Albert zu heiraten«, meinte sie. »Er sieht doch gut aus, findest du nicht, Barbara?«

»Ja, schon, aber mir wäre es lieber, du würdest bei uns bleiben, bei Hans und mir. Ich möchte nicht, dass du weggehst.«

»Irgendwann muss ich schließlich heiraten, und ich glaube, dass ich eigentlich Glück habe mit Albert. Vater hätte auch einen ganz anderen Mann für mich aussuchen können, bei dem es für mich ein schrecklicher Gedanke gewesen wäre, mit ihm zusammenzuleben. Du weißt ja, wie starrköpfig Vater manchmal sein kann – er hätte sich bestimmt nicht umstimmen lassen. Das Einzige, was mir Kopfzerbrechen bereitet, ist Alberts Mutter, denn die soll ja noch unleidlicher und herrschsüchtiger sein als Hannah.«

»Das hab ich auch schon gehört. Großmutter sagte immer, die Gretl ist eine alte Beißzange.«

»Aber am allermeisten fürchte ich mich vor der ersten Nacht mit Albert«, fuhr Anna fort. »Ich hab doch absolut keine Ahnung, wie das sein wird. Vater will ich nicht fragen, und Hannah hat mir nur zur Antwort gegeben, dass sich alles von ganz alleine ergeben würde.«

»Jetzt fehlen wirklich Mutter und Großmutter«, sagte ich traurig. »Ich werde es einmal besser haben, denn ich kann zu dir kommen, falls du dann noch Zeit für mich hast.«

»Welch dumme Idee, immer werde ich Zeit für dich und Hans haben, das weißt du doch ganz genau, und jetzt schlaf endlich, ich bin müde.«

Eine Woche später stand der Hochzeitstermin fest: bereits in acht Wochen würde es so weit sein. Als ich das Datum erfuhr, krampfte sich mein Magen zusammen. Meine Anna würde mich verlassen, und ich würde sehr einsam sein ohne sie. Ich konnte der Hochzeit absolut nichts Positives abgewinnen.

Die Hochzeitsfeier fand an einem wolkenlosen, strahlend schönen Tag im Gasthaus des Dorfes statt. Anna erhielt zu diesem Anlass von Vater eine neue Tracht, in der sie wundervoll aussah. Sie wirkte zart, ihre blauen Augen leuchteten, und auf ihren Wangen lag ein rosiger Hauch. Auch Albert machte einen stattlichen Eindruck in seinem neuen dunklen Anzug. Überhaupt war er ein gut aussehender junger Mann: groß, schlank, mit dunklem Haar und dunklen Augen, einer schmalen geraden Nase und einem markanten Kinn. Irgendwie konnte ich verstehen, dass Anna sich ein wenig in ihn verliebt hatte. Die Feier dauerte bis in die frühen Morgenstunden, dann ging meine Schwester mit einem lachenden und einem weinenden Auge mit ihrem Mann nach Hause. Lange schaute ich ihr nach. In dieser Nacht machte ich kaum ein Auge zu, denn meine Gedanken waren ausschließlich bei Anna, die mir so sehr fehlte.

Einige Zeit später, als ich einmal mit Anna ungestört war, fragte ich sie nach ihrer ersten Nacht mit Albert.

»Weißt du, eigentlich war es nicht schlimm oder abstoßend, wie ich dachte«, meinte sie. »Albert ist zärtlich und liebevoll, aber es muss sicher ganz und gar schrecklich sein, wenn man es mit einem unappetitlichen Typen machen muss. Eines verspreche ich dir, Barbara: ich werde nicht zulassen, dass Vater dir einen Mann gegen deinen Willen aufzwingt.«

»Und du glaubst allen Ernstes, Vater wird auf dich hören?«

»Ich bin jetzt erwachsen und verheiratet, und Vater wird auf mich hören, du wirst schon sehen.«

In den ersten Wochen nach Annas Hochzeit besuchte ich sie täglich, selbst wenn es spät am Abend war, aber die Zeit schindete ich irgendwie heraus. Anna fehlte mir sehr, ebenso unsere langen Gespräche abends im Bett, wenn wir ungestört waren. Ihr konnte ich alles anvertrauen, mit ihr konnte ich über alles sprechen. Hans war noch zu klein und außerdem ein Junge.

Da Anna jeden Tag für ihre ganze Familie kochte, konnten Hans und ich zu ihr gehen, wenn wir Hunger hatten und es bei Hannah wieder einmal nichts gab. Es war schön zu sehen, dass Anna jetzt ein harmonisches Zuhause hatte, denn obwohl es gelegentlich Probleme mit der herrschsüchtigen Gretl gab, hielten sich diese in Grenzen, weil Albert und der Schwiegervater sich immer auf ihre Seite stellten. Alle freuten sich unbändig, als Anna im Frühsommer des Jahres 1922 einen Buben zur Welt brachte. Der kleine Jörgl war ein ausgesprochen hübsches Kind, das die dichten dunklen Locken und die braunen Augen seines Vaters hatte.

Es war im selben Jahr an meinem Namenstag, als ich zum ersten Mal meine Monatsblutung bekam. Da Anna mir bereits alles darüber erzählt hatte, war ich zwar nicht sonderlich überrascht darüber, aber wie das praktisch aussah, war dann doch ein kleiner Schock. Es gab ja keine Hygieneartikel. Man band sich einfach Tücher um, die mit alten Stofffetzen ausgestopft wurden. Allerdings nur im Haus, denn bei Arbeiten im Garten und auf den Feldern ließ man es einfach laufen. Nach wie vor war es bei uns für Frauen nicht üblich, Unterhosen zu tragen. Ich konnte es nicht fassen, als ich dann Jahrzehnte später in Filmberichten gesehen habe, wie sich die Frauen in den Städten während der zwanziger Jahre gekleidet und gepflegt haben. Da erst wurde mir so richtig klar, dass wir fast noch in einem anderen Jahrhundert gelebt hatten.

Ein Jahr später, Ende September 1923, geschah die nächste, die endgültige Katastrophe. Vater war im Auftrag der Gemeinde mit einem Transport unterwegs gewesen. Es war schon spät am Abend und bereits stockdunkel, als wir ihn in den Hof fahren hörten. Hans und ich saßen am Tisch und aßen Kartoffelsuppe mit frischem Weißbrot. Hannah, die schon den ganzen Tag Kopfschmerzen hatte, war an diesem Abend mit ihrer Tochter zeitig zu Bett gegangen. Wir aßen unsere Suppe weiter und waren schon beim Abwasch, als uns plötzlich auffiel, dass Vater noch nicht im Haus war. Die Pferde mussten längst ausgespannt sein, so lange konnte das doch nicht dauern. Beunruhigt schickte ich Hans nach draußen. Es dauerte keine zwei Minuten, bis mein Bruder ins Zimmer gestürzt kam und vollkommen aufgelöst berichtete:

»Barbara, komm schnell, Vater liegt so komisch zusammengekrümmt auf der Erde vor dem Pferdestall, stöhnt ganz fürchterlich und gibt keine Antwort.«

Ich ließ augenblicklich alles liegen und stehen und folgte Hans hinaus auf den Hof. Tatsächlich lag Vater zusammengekauert auf der Erde und presste verzweifelt die Hände auf seinen Unterleib. Alles erinnerte mich an Mutter, die wir in einer ähnlichen Situation fünf Jahre zuvor gefunden hatten – in meiner Brust verspürte ich einen gewaltigen Stich. Ich beugte mich zu Vater hinunter, nahm seinen Kopf in die Hände und fragte, was eigentlich geschehen war. Den paar Wortfetzen, die ich zur Antwort erhielt, konnte ich entnehmen, dass eines der Pferde wohl ausgeschlagen und ihn dabei in den Unterleib getroffen hatte.

Mittlerweile war auch Hannah aufgewacht, und zu dritt gelang es uns schließlich, Vater ins Haus zu bringen. Die ganze Nacht hörte ich ihn stöhnen. Auch am nächsten Tag hatten sich seine Schmerzen nicht wesentlich gebessert, und es war Vater völlig unmöglich, aufzustehen. Hannah schickte uns zum Dorfarzt, doch der hatte den Warteraum voller Patienten, weil gerade eine Darmgrippe kursierte, und so wurde es später Nachmittag, bis er endlich nach Vater schauen konnte. Nachdem er ihn untersucht hatte, meinte er, dass alles halb so schlimm wäre – ein Tritt in die Geschlechtsteile täte nun einmal höllisch weh, und die Schmerzen würden sicher noch einige Tage andauern. Wir sollten ihm eine kräftige Weinsuppe kochen, dann würde er bestimmt schnell wieder auf die Beine kommen.

Ich machte mich an die Zubereitung der Suppe, während Hannah mit unserer Schwester auf dem Arm den

Arzt hinausbegleitete. Weil ich nicht wusste, wie viel Zucker er gerne in seiner Weinsuppe haben wollte, ging ich noch einmal in sein Zimmer.

»Vater, möchtest du …«

Voller Entsetzen blieb ich im Türrahmen stehen. Mit starrem Blick, die Augen halb geöffnet und den Kopf zur Seite geneigt, lag er da. Ich drehte auf dem Absatz um und lief hinaus, um den Arzt zurückzurufen, der noch mit Hannah beim Tor stand. Es dauerte nur einen kurzen Augenblick, um festzustellen, dass unser Vater tot war.

Wieder einmal waren wir fassungslos. Was war eigentlich geschehen, wieso konnte Vater bloß so schnell sterben? Mein Blick fiel auf seine Schuhe vor dem Bett; sie waren neu und wunderschön, dunkelbraun, mit dicker Sohle, erst am Vortag hatte er sie in Titel gekauft – es waren seine ersten wirklich neuen Schuhe. Seit Jahren hatte er sich sehnlichst solche Schuhe gewünscht und dafür gespart. Als er damit am Abend zuvor nach Hause gekommen war und sie uns stolz gezeigt hatte, sagte er: »Die habe ich jetzt, so lange ich lebe.« Es hatte nur eine kurze Freude werden sollen.

Wie in Trance hob ich die Schuhe auf, trug sie in mein Zimmer und stellte sie unter mein Bett. Ich wollte sie für Hans aufheben, als Erinnerung an unseren Vater, der das sicher so gewollt hätte. Auf der Bettkante sitzend, kamen jetzt endlich die erlösenden Tränen. Was sollte nun aus mir und Hans werden?

Plötzlich allein

Bis Mitte November lebten Hans und ich noch zusammen mit Hannah und unserer Schwester Marga in unserem Haus am Damm. Allen war jedoch klar, dass es so auf Dauer nicht weitergehen konnte und auch nicht würde. Keiner von uns war in der Lage, im nächsten Frühjahr die Landwirtschaft fortzuführen und damit den Unterhalt für die Familie zu verdienen. Aber wie würde eine Veränderung aussehen? Indem Hannah etwa einen neuen Mann zu uns ins Haus brachte? Diesen Gedanken wollte ich lieber erst gar nicht weiterverfolgen.

Onkel Johann kam fast täglich zu uns, um mit Hannah über unsere Zukunft zu sprechen. Bei diesen Diskussionen durften wir nie anwesend sein, sondern mussten zu Anna gehen oder irgendwelche überflüssigen Arbeiten im Hof verrichten. Nicht einmal Anna wurde in die Überlegungen einbezogen.

Schließlich einigte man sich darauf, dass unser Onkel die Vormundschaft übernehmen würde. Das war in Ordnung, denn er mochte uns, wir waren immerhin die Kinder seiner Schwester. Etwas anders verhielt es sich mit Tante Magdalena, die immer leicht verbittert wirkte und zu Ungerechtigkeiten neigte. Das lag wohl zum einen an ihrer Enttäuschung, keine eigenen Kinder bekommen zu haben, zum anderen steckte jedoch ein finanzielles Problem dahinter, wie ich später erfuhr.

Unser Onkel hatte das Haus, in dem sie wohnten, bereits vor seiner Eheschließung gekauft und dafür einen Kredit aufgenommen. Nachdem er Magdalena geheiratet hatte, wurde mit ihrer Mitgift ein Teil dieses Kredits zurückgezahlt, um Zinsen zu sparen. Trotzdem war Onkel Johann im Grundbuch weiterhin als alleiniger Besitzer von Haus und Grund einschließlich Feldern und Weingarten eingetragen, und genau das war es, was Tante Magdalena Kopfschmerzen bereitete. Sie hatte panische Angst, dass Hans, Anna und ich gegenüber ihren Verwandten später als Erben bevorzugt werden könnten. Dieser Gedanke setzte ihr so zu, dass sie nachts nicht schlafen konnte und unserem Onkel ständig in den Ohren lag, ihr doch die Hälfte des Besitzes zu übertragen. Onkel Johann jedoch war ein alter Sturkopf und gab nicht nach. Nun richtete sich ihr ganzer Ärger gegen uns Kinder.

Bei uns zu Hause ging das Geld langsam aus. Vaters Beerdigung hatte fast das ganze Ersparte verschlungen, und Hannah sorgte nicht wie andere Frauen im Dorf dafür, dass sie durch den Verkauf von Produkten aus Garten und Feld auf dem Markt in Titel ein paar Einkünfte erzielte. Und so konnten wir uns selbst dringend benötigte Sachen wie warme Kleidung nicht leisten.

Nachdem wir am Allerheiligentag vom Friedhof zurückkamen, gingen mein Onkel und meine Tante mit zu uns nach Hause, und diesmal wurden wir nicht zu Anna oder in den Hof geschickt. Irgendwie war mir klar, dass sich an diesem Nachmittag unser künftiges Schicksal entscheiden sollte. Mein Herz klopfte schneller.

Alle versammelten wir uns um den Tisch – Onkel Johann setzte sich ans Kopfende, rechts neben ihm nahm Hannah Platz, und zu seiner Linken ließ sich unsere Tante nieder. Hans und ich saßen, uns an den Händen haltend, am unteren Ende des Tisches gemeinsam auf einem Stuhl. Unsere Schwester Marga spielte friedlich auf dem Lehmboden mit einer Stoffpuppe. In diesem Moment beneidete ich sie, denn sie wusste nichts von den Sorgen und Ängsten angesichts einer ungewissen Zukunft.

Onkel Johanns Blick war finster, er zog seine buschigen Augenbrauen zusammen und räusperte sich, bevor er stockend zu sprechen begann. Wir erkannten, dass seine Augen feucht wurden – es war für ihn offensichtlich nicht leicht, uns mitzuteilen, was geschehen musste.

»Hannah und ich, wir haben lange und ausführlich darüber gesprochen, wie es hier im Haus weitergehen soll, und wir sind zu dem Ergebnis gekommen, dass es das Beste sein wird, wenn ich euren ganzen Hausrat und die Tiere versteigern lasse. Die Felder und den Weingarten werde ich für euch verpachten, und der Erlös aus Versteigerung und Pacht wird in Titel auf ein Bankkonto einbezahlt, wo es bis zu eurem achtzehnten Geburtstag verbleibt, es sei denn, es werden Barmittel für eure Kleidung oder andere Dinge benötigt. In diesem Fall werde ich für euch die entsprechende Summe abheben. Anna bekommt ihren Anteil in bar ausbezahlt. Was eure Stiefmutter betrifft, sie wird mit Marga nach Perleß übersiedeln, und eure Schwester wird dort einen neuen Vater bekommen.«

»Aber Onkel Johann, du kannst doch nicht unseren alten Jokl versteigern, können wir nicht wenigstens ihn behalten?«, versuchte ich mit tränenerstickter Stimme vorsichtig einzuwenden.

»Das wäre Unsinn, er ist alt und nicht mehr zu vielen Sachen zu gebrauchen, das Geld wird für euch nützlicher sein als ein altersschwacher Gaul«, erwiderte Onkel Johann entschieden. Ich schwieg betroffen, denn Onkel Johanns Worte duldeten keinen Widerspruch – es war mir nur zu klar, dass ich ihn nie und nimmer umstimmen konnte.

Unsere Stiefmutter und ihre Tochter gingen völlig leer aus, da Hannah mit meinem Vater nicht verheiratet gewesen war. Ihr blieb nichts anderes übrig, als sich darin zu fügen, wieder einmal zu einem Mann, der vielleicht gerade die Frau verloren hatte, zu ziehen. Ich muss zugeben, dass sie vom Leben bisher wirklich nicht verwöhnt worden war, und ich wünschte ihr und unserer Schwester von Herzen eine bessere, eine sorglosere Zukunft.

Nun wandte sich Onkel Johann an meinen Bruder, der unmerklich zusammenzuckte.

»Hans, für dich habe ich in Titel eine Lehrstelle bei einem Schneider gefunden. Du bekommst im Haus deines Lehrherrn eine kleine Kammer, in der du während der Woche wohnen wirst, an den Sonntagen oder auch manchmal schon am Samstag kannst du dann ja nach Hause zu Anna oder zu uns kommen. Du wirst sehen, es wird dir gefallen, dein Lehrherr ist ein gerechter und anständiger Mann, ich habe ihn mir genau angesehen.«

Tapfer schluckte mein Bruder die aufsteigenden Tränen hinunter. Er war nicht fähig, auch nur eine einzige Silbe über die Lippen zu bringen. Starr und groß ruhte sein Blick auf Onkel Johann. Hans war klein und zart, aus seinem Gesicht war alle Farbe gewichen, und seine schmalen Lippen schienen blutleer. Ich konnte und wollte mir nicht vorstellen, dass dieser kleine Junge ganz alleine in Titel bei völlig fremden Menschen leben und arbeiten sollte. Mein Hals war wie zugeschnürt, ich drückte seine schmale Hand so fest, dass meine Knöchel weiß hervortraten.

Totenstill war es in unserer Küche, als nun Onkel Johanns Blick zu mir wanderte und er über meine Zukunft zu sprechen begann.

»Du, Barbara, wirst zu uns ziehen, denn wir sind nicht mehr ganz jung und können eine helfende Hand gut gebrauchen.«

Nach einer bedeutungsvollen Pause fügte er etwas leiser hinzu: »Bis sich ein passender Mann für dich findet.«

»Aber Onkel Johann, ich möchte lieber als Magd auf irgendeinem Hof arbeiten, vielleicht in der Nähe von Hans, dort würde ich auch niemandem zur Last fallen.«

»Nein, du kommst zu uns, daran ist nicht zu rütteln«, war die kurze und bestimmte Antwort meines Onkels.

Aber irgendwie war mir gar nicht so wichtig, was mit mir wurde. Ich dachte nur an Hans – er tat mir so unendlich leid, und ich wollte nicht, dass er nach Titel musste. Mit allen mir in den Sinn kommenden Argumenten versuchte ich Onkel Johann davon zu überzeugen, dass mein kleiner Bruder in Titel todunglücklich sein würde, doch es half alles nichts. Onkel Johann war unerbittlich. Er war unser Vormund, er hatte sich so entschieden, und wir hatten widerspruchslos zu gehorchen.

Hans sagte kein einziges Wort, er saß nur stumm neben mir auf dem Stuhl und klammerte sich krampfhaft an meine Hand.

Schon in der ersten Dezemberwoche verließ er Rudolfsgnad. Ich half ihm, seine wenigen Habseligkeiten einzupacken, viel Arbeit hatten wir damit nicht. Onkel Johann wollte ihn allein nach Titel bringen. Es war mir ganz lieb, dass ich zumindest das nicht mit ansehen musste. Beim Abschied drückte ich meinem kleinen Bruder fast den Atem ab, so fest schlossen sich meine Arme um seinen zierlichen Körper, bevor er zu unserem Onkel auf den Wagen kletterte und, ohne einen Blick zurückzuwerfen, das Dorf verließ. Kein Wort war über seine Lippen gekommen und keine Träne aus seinen Augen geflossen – er wirkte wie versteinert. Ich stand am Straßenrand unter den Maulbeerbäumen und sah ihnen nach. Tränen traten in meine Augen und rannen über meine Wangen, als der Wagen am Ende der Straße nach links abbog und aus meinem Blickfeld verschwand.

Hannah hatte ebenfalls schon gepackt und wartete mit Marga darauf, von ihrem neuen Mann abgeholt zu werden. Meine persönlichen Dinge befanden sich bereits im Haus von Onkel Johann. Hans hatte mir vor seiner Abreise noch geholfen, alles hinüberzutragen. Völlig schweigsam hatten wir den kurzen Weg zum Haus des Onkels zurückgelegt, jeder von uns hing seinen trüben Gedanken nach.

Die Versteigerung konnte stattfinden. Ich stand allein in meiner alten, geflickten Tracht in der Ecke hinter der Küchentür und blickte starr ins Leere. Ich kam mir so unendlich verlassen vor. Niemand war mehr da von meiner einst so glücklichen Familie, und mit jedem Stück, das einen neuen Besitzer fand, wurde mir das Herz schwerer und schwerer.

Als dann mein Lieblingsschwein Matzi und unser alter Jokl, mit dem mich tausend Erinnerungen an Mutter und die Großeltern verbanden, versteigert wurden, konnte ich meine Tränen nicht mehr zurückhalten. Ich lief hinaus in den Stall zu Jokl, drückte mein Gesicht in sein weiches Fell und wollte nichts mehr sehen und hören von dieser Versteigerung unserer Vergangenheit, unserer Erinnerungen, unserer kleinen heilen Welt, die niemals wiederkehren würde.

Als ich zwei Tage später Matzi zu seinem neuen Besitzer bringen musste, brauchte ich keinen Strick, das Schwein folgte mir wie ein Hund in seinen neuen Stall, denn es vertraute mir. Nur zu bitter wurde mir bewusst, dass wir Dezember hatten und dass Matzi sicher noch vor Weihnachten auf der Schlachtbank landen würde. Bei dem Gedanken daran wurde mir übel. Nachdem ich mich tränenreich von ihm verabschiedet hatte, ging ich nicht zurück zu Onkel Johann und Tante Magdalena.

Es war ein besonders kalter Tag, der Himmel war klar und die Erde gefroren. Ich ging vorbei am Haus von Onkel Johann, ohne einen Blick darauf zu werfen. Niemand war im Vorgarten, und niemand sah mich vorbeigehen. Ich näherte mich dem Ortsende und ging immer weiter, mechanisch mit gleichbleibend langsamen Schritten. Ich ließ das Dorf hinter mir und folgte dem Verlauf der gefrorenen Schotterstraße. Mein Kopf war leer, ich wollte an nichts denken und schob jeden Gedanken beiseite. Ich sah nicht, ob mir jemand begegnete, ich war wie in Trance.

Früher hatte die Großmutter, wenn sie sich sehr über etwas geärgert hatte, immer gesagt: »Ich gehe in die Welt hinein und komme nie mehr zurück.« An diesen Satz dachte ich an diesem Wintertag, an nichts anderes. Ja, ich wollte das ausführen, wovon Großmutter so oft gesprochen hatte, ohne es ernst zu meinen. Ich aber wollte wirklich hinausgehen in die Welt und nie wieder zurückkommen.

Als ich wieder zurück in die Wirklichkeit fand, lag unser Dorf bereits weit hinter mir. Schneefall hatte eingesetzt, und es dämmerte. Ich zog meinen zu dünnen und zu kleinen Mantel enger über meiner Brust zusammen und band den Knoten meines Kopftuches fester. Vor mir sah ich eine Ortschaft im trüben Licht des nahenden Abends auftauchen, doch ich wollte keinen Menschen treffen, und so bog ich links in einen breiten Feldweg ein, der ins Nichts führte, in weites, ebenes Land.

Ich spürte die Kälte nicht, die meine Kleidung bis auf die Knochen durchdrang. Ich versuchte alle Gedanken, die mich schmerzten, zu verdrängen, aber es gelang mir nicht. Vor meinen Augen tauchte vor allem immer wieder unser Jokl auf, und erneut brach ich in Tränen aus. Ob er genug Futter bekam und ob seine neuen Besitzer ihn auch bürsteten, wie ich es immer tat?

Ich weiß nicht, wie spät es war, als ich dann doch aus meiner Lethargie herausfand. Wahrscheinlich waren die klirrende Kälte und der immer stärker werdende Schneefall schuld daran. Ich merkte plötzlich, dass ich fror. Mein Kinn zitterte, und ich spürte meine Füße kaum. Inzwischen war es dunkel, doch wir hatten Vollmond in dieser Nacht meiner Flucht vor einer ungewissen Zukunft, und sein Licht erhellte meinen Weg und ließ die Schneekristalle glitzern. Ich machte kehrt und ging zurück.

Als ich zur Wegbiegung kam, überlegte ich keine Sekunde, wohin ich mich wenden sollte. Ich nahm die Richtung zu diesem mir unbekannten Ort. Ich verband damit keine besondere Erwartung, ich dachte nicht nach, sondern lief einfach drauflos. Bald erreichte ich die ersten Häuser. Ich ging die Straße hinunter bis zu einem größeren Gehöft, das etwas abseits stand. Hier blieb ich stehen. Mir war kalt, und ich überlegte, dass ich mir eine Scheune oder einen Stall suchen musste, in dem ich die Nacht verbringen konnte, um mich etwas auszuruhen und zu wärmen. Ich trat durch das Tor, überquerte den großen, schneebedeckten Hof und versuchte die Stalltür zu öffnen. Sie war groß und schwer, und ich hatte Mühe, sie aufzudrücken.

Eine wohlige Wärme, die von den Tieren ausging, empfing mich, und ich empfand sie als beruhigend. Im Stall standen einige Kühe und ein Kalb. Sie wurden unruhig durch mein störendes Eindringen. Es war zwar dunkel im Stall, aber doch nicht zu dunkel, um die Türe am Ende des Stalles nicht zu sehen. Ich ging hin, öffnete sie und stellte fest, dass sie in den Pferdestall führte. Vorsichtig näherte ich mich den Pferden und dachte wieder an unseren Jokl. Ich wollte sie streicheln, aber sie kannten mich nicht und wurden unruhig, genau wie zuvor die Kühe. Sie wieherten und traten nervös mit ihren Hufen gegen die Wand des Stalls. Ich wich etwas zurück und setzte mich auf ein Strohbündel. Im Pferdestall war es nicht so warm wie im Kuhstall, doch als ich mich umsah, entdeckte ich im Schein des Vollmondes, der durch ein Fenster hereindrang, eine Pferdedecke. Ich holte sie, setzte mich wieder zurück auf das Strohbündel und wickelte meinen halb erfrorenen Körper in die alte, stinkende Decke.

Durch das unruhige Wiehern der Pferde aufmerksam geworden, kam der Bauer in den Stall, um nachzusehen, was die Tiere so in Aufregung versetzt hatte. Fest drückte ich mich an die Wand und hoffte, nicht gesehen zu werden. Aber vergeblich, der Bauer entdeckte mich sofort, blieb mit der Petroleumlampe in der Hand vor mir stehen und leuchtete mir ins Gesicht. Ich schloss die Augen, denn das ungewohnte, grelle Licht blendete mich.

»Was machst du denn da?«

Da ich keine Antwort auf seine Frage wusste, blieb ich stumm.

»Du bist doch ein Mädchen, habe ich Recht?«

Wieder antwortete ich nicht, sondern nickte nur stumm.

Er schüttelte den Kopf und fragte weiter: »Wie alt bist du denn, bist du zu Hause ausgerissen?«

»Fünfzehn«, flüsterte ich eingeschüchtert.

»Das glaube ich dir nicht, du bist doch noch keine fünfzehn.«

Ich war klein, dünn und zart und sah tatsächlich viel jünger aus. Niemand hätte mich auf fünfzehn geschätzt.

»Na komm schon, steh auf. Ich nehme dich vorerst mal mit ins Haus, hier kannst du nicht bleiben.«

Widerspruchslos erhob ich mich und ließ mich von ihm ins Haus führen. In der großen, für meine Begriffe unglaublich luxuriösen Küche saßen zwei Frauen am Küchentisch und sahen mich erstaunt an.

»Wer ist denn das?«, fragte die Jüngere.

»Sie hatte sich im Stall bei den Pferden versteckt«, antwortete der Mann.

»Aber das ist doch noch ein Kind!«

»Das sehe ich auch, aber sie sagt, sie sei fünfzehn.«

Reglos stand ich neben dem Bauern und wartete, was da kommen würde. Die ältere der Frauen, die bis zu diesem Zeitpunkt noch nichts gesagt hatte, erhob sich schwer von ihrem Stuhl neben der warmen Feuerstelle und kam auf mich zu. Sie nahm mich am Arm und führte mich wortlos ins Nebenzimmer.

»Komm, du bist ja völlig durchnässt, ich gebe dir etwas Trockenes zum Anziehen.«

Folgsam zog ich mich aus und streifte das Hemd, das die Alte mir reichte, über meinen durchgefrorenen Körper. Sie legte mir noch eine Decke über die Schultern und ging mit mir wieder zurück in die Küche.

»Danke«, sagte ich leise.

Bei unserem Eintritt unterbrachen die in der Küche Zurückgebliebenen ihr Gespräch schlagartig und sahen mir entgegen.

»Hast du Hunger?«, fragte mich die Frau und stand auf. Sie war unglaublich dick, ich hatte noch nie in meinem Leben einen so dicken Menschen gesehen. Ich musste mich zusammennehmen, um sie nicht ständig anzustarren.

»Nein«, sagte ich. Ich verspürte tatsächlich nicht das geringste Hungergefühl, obwohl ich seit dem Frühstück bei Tante Magdalena noch nichts zu mir genommen hatte.

»Bist du sicher?«, fragte sie nochmals nach.

»Danke, aber ich bin wirklich nicht hungrig.«

»Willst du uns nicht sagen, wo du herkommst so mitten in der Nacht und wie du heißt?«

Ich senkte den Kopf und blieb stumm. Die Alte mischte sich ein und meinte: »Lasst sie doch. Ich richte ihr ein Bett her, ich denke, das ist ihr jetzt lieber als ein Teller heißer Suppe. Morgen könnt ihr sie dann immer noch ausfragen.«

Ich schenkte ihr einen dankbaren Blick, denn sie hatte mir voll und ganz aus dem Herzen gesprochen. Lächelnd nahm sie mich an der Schulter und schob mich ins Nebenzimmer. Sie schlug das einzige Bett im Raum auf, nahm mir die Decke ab und drückte mich auf den Strohsack. Ich zog mir die Decke bis übers Kinn und sah noch zu, wie die Alte meine Kleidung zum Trocknen über zwei Stuhllehnen hängte. Dann verließ sie mit der Lampe die Stube und wünschte mir noch eine gute Nacht.

Ich konnte lange nicht einschlafen. Ständig kamen mir Anna und mein Bruder Hans in den Sinn. Sie machten sich bestimmt Sorgen, denn Onkel Johann hatte Anna sicher schon von meinem Verschwinden in Kenntnis gesetzt. Meine arme Anna, warum tat ich ihr das an? Welch schreckliche Angst musste sie um mich haben! Was hatte ich mir eigentlich dabei gedacht? In die Welt hinauszugehen – so ein Unsinn. Was würde das ändern? Würde es mir meinen Jokl oder meinen Matzi zurückbringen? Nein, sicher nicht. Und dann sah ich wieder Hans vor mir. Er würde mich schrecklich vermissen, wenn ich tatsächlich in die Welt hinausginge und nicht mehr wiederkäme.

Als das erste Licht des Morgens das Zimmer erhellte, kam ich mir schrecklich dumm, unreif und einfältig vor. In der durchwachten Nacht war mir klargeworden, dass ich zurück musste. Ich konnte vor meinem Schicksal nicht weglaufen. Ich stand auf, zog meine Kleider an und schlich mich aus dem Haus. Niemand sah mich, niemand hörte mich, als ich mich auf den Rückweg machte in mein altes Leben. Ich ging den Weg schneller zurück, als ich ihn gekommen war; und als ich unsere Ortsgrenze erreicht hatte, fühlte ich mich stark – stark genug, alles zu ertragen, was das Schicksal mir auferlegt hatte.

Erste Liebe

Onkel Johanns Haus war von der Aufteilung her genau wie mein Elternhaus. Es hatte zwei Zimmer, eine Küche und einen Vorratsraum. Zum ersten Mal in meinem Leben bewohnte ich ein Zimmer allein. Ich hatte es mir, so gut es ging, gemütlich eingerichtet mit Bildern und der alten Uhr aus unserer Küche.

Viel zum Nachdenken kam ich nicht, denn Tante Magdalena sorgte dafür, dass ich von morgens bis abends beschäftigt war, entweder mit Arbeiten in Haus und Hof oder auf den Feldern. Zu meinem Leidwesen hatte ich dadurch kaum noch Zeit, Anna und ihren kleinen Jörgl zu besuchen. Von Hans ganz zu schweigen, denn nach Titel kam ich so gut wie nie.

Mein Bruder war weder glücklich noch unglücklich in seiner neuen Umgebung. Sein Lehrherr war streng, aber gerecht, und was die Schneiderlehre betraf, so machte sie Hans Freude, und er stellte sich außerordentlich geschickt an. An den Sonn- und Feiertagen kam er immer nach Rudolfsgnad und übernachtete ausnahmslos bei Anna und Albert. Das war ganz im Sinne von Tante Magdalena, die sehr darauf bedacht war, keinen zusätzlichen Esser im Haus zu haben. Dabei steuerte ich von meinem Geld regelmäßig etwas zum Lebensunterhalt bei, obwohl ich für sie eine unbezahlte Arbeitskraft war.

Im Frühling, als die ersten Blumen ihre Köpfe aus

der Erde streckten und die Strahlen der Sonne bereits wärmer wurden, war es mir gelungen, Tante Magdalena zu überreden, mir einen Tag freizugeben, damit ich Hans in Titel besuchen konnte. Ich wollte sehen, wie er dort lebte, wie sein Zimmer aussah, und vor allem wollte ich den Schneidermeister kennenlernen. Am frühen Nachmittag machte ich mich zu Fuß auf den Weg, denn die Tante hatte es abgelehnt, mir Pferd und Wagen zu leihen. Das wäre zu viel der Großmut gewesen, denn es grenzte schon an ein Wunder, dass sie mich überhaupt gehen ließ.

Ich ging also durch das Dorf und über die Brücke nach Titel, wo ich erst einmal das Haus finden musste, in dem mein Bruder nun lebte. Doch Onkel Johann hatte mir den Weg genau beschrieben, und ich fand mich gut zurecht. Bald stand ich mit meinem Korb am Arm, in dem sich ein von Anna gebackener Kuchen befand, vor der großen, dunklen, zweiflügeligen Eichentür. Ich klopfte, doch keiner schien mich zu hören. Als auch auf mein nochmaliges Klopfen niemand reagierte, ging ich um das Haus herum und stand vor dem Geschäftseingang der Schneiderei. Die weiß lackierte Tür mit der großen Glasscheibe, die ins Geschäft führte, wirkte auf mich noch pompöser als die Eichentür. Nach kurzem Zögern trat ich ohne anzuklopfen ein. Ein lauter Klingelton ertönte, und kurz darauf kam eine ältere Frau in einem schönen braunen Kleid von hinten in den Verkaufsraum. Mit offenem Mund starrte ich sie an, denn so ein Kleid hatte ich noch nie gesehen – bei uns im Dorf trugen alle nur Tracht. Die feine, helle Stimme der Frau riss mich aus meinem Staunen.

»Was kann ich für dich tun, zu wem willst du?«

»Ich bin Barbara Lehmann, die Schwester von Hans«, stotterte ich verlegen angesichts der vornehmen Dame.

»Hans arbeitet aber noch, willst du auf ihn warten?«

»Ja, wenn ich darf.« Ich war immer noch ziemlich eingeschüchtert.

Sie führte mich in ein kleines Nebenzimmer, in dem ein paar Stühle standen. Ich setzte mich vorsichtig auf eine Stuhlkante und stellte den schweren Korb neben mir ab. Wortlos verließ die Frau das Zimmer und schloss die Tür hinter sich. Wenig später kam ein junges Mädchen, etwa in meinem Alter, herein, das anders als die Frau gar nicht elegant, sondern eher einfach und ein wenig schäbig gekleidet war. Sie stellte einen Teller mit Keksen auf den Stuhl neben mir. »Bitte«, sagte sie nur und verließ rasch wieder die kleine Stube, in der ich mir irgendwie abgeschoben vorkam. Schwer zu sagen, wie lange ich so steif dasaß, ohne von den Keksen zu essen. Gerne hätte ich davon gekostet, aber ich traute mich nicht. Endlich öffnete sich die Tür erneut, und mein Bruder Hans stand im Türrahmen.

»Hans«, rief ich und sprang auf. Fest schlossen wir uns in die Arme. Mein Bruder weinte und klammerte sich an mich. Ich war fassungslos, ihn so zu sehen, denn wenn er zu uns auf Besuch kam, wirkte er immer sehr ausgeglichen, und ich dachte eigentlich, dass er zufrieden sei mit seinem neuen Lebenskreis.

»Hans, warum weinst du, geht's dir nicht gut?« Irgendwie wusste ich nicht so recht, was ich sagen sollte.

Mein Bruder löste sich ein wenig von mir und sah mir in die Augen. »Doch, es geht mir gut, aber ich war so überrascht, dass du hier bist, und ich freue mich so sehr darüber.«

»Bist du fertig, oder musst du noch arbeiten?«

»Nein, ich darf für heute aufhören, weil du gekommen bist.«

»Na, dann komm, ich will dein Zimmer sehen.«

Ich folgte Hans hinaus auf den Flur. Wir gingen einen langen, düsteren Gang entlang, überquerten einen Innenhof und traten dann durch eine Tür in eine kleine, nicht ganz helle, aber doch freundlich wirkende Kammer, in der ein Bett, ein Tisch, ein Kasten und eine kleine Truhe standen.

»Na, gefällt es dir?«, fragte er nicht ganz ohne Stolz in der Stimme.

»Ja doch, schön hast du es hier. Schau, ich habe dir etwas mitgebracht, von Anna. Hast du Hunger?«

»Stell es da auf den Tisch. Hunger habe ich eigentlich nicht, aber es ist bestimmt etwas Gutes, wenn es von Anna kommt.«

»Ist es, Hans, und lass uns bitte etwas essen, denn im Gegensatz zu dir habe ich Hunger.« Mein Magen knurrte bereits seit Stunden – das Frühstück bei Tante Magdalena war nicht gerade üppig gewesen.

Lange, bis spät in die Nacht unterhielten wir uns. Ich blieb bis zum nächsten Tag, und auch wenn wir nicht besonders gut gemeinsam in dem schmalen Bett schliefen, waren wir glücklich, zusammensein zu können. Hans hatte an diesem Samstag frei, und ich durfte am Morgen gemeinsam mit ihm, seinem Lehrherrn und der Dame in Braun frühstücken. Es war eine neue Erfahrung für mich, denn der Tisch war für meine Begriffe aufwändig gedeckt, und auch solches Geschirr war mir neu. Ehrfurchtsvoll genoss ich die ungewohnten Speisen und den echten Tee, dem ich allerdings zu diesem Zeitpunkt noch keinen Geschmack abgewinnen konnte.

Ich fühlte mich nicht wirklich wohl in dieser Umgebung. Ich war froh, als das Frühstück beendet war, und mein Bruder und ich uns auf den Heimweg machten, denn Hans würde bis zum nächsten Abend in unserem Dorf bleiben können.

Dann kam der Herbst, und ich durfte zum ersten Mal zum Tanzen gehen. Diese Veranstaltungen fanden immer sonntags in unserem Gasthaus statt, und es lief so ab, dass die Eltern mitgingen, sich in eine Ecke des Saales setzten und ein wachsames Auge auf ihre Sprösslinge hatten. Das war nicht zuletzt deshalb wichtig, weil die Familien nach wie vor über die Eheschließungen entschieden. Irgendwelche unerwünschten Liebschaften hätten da nur gestört. Und genau das sollte mir passieren.

Ich liebte die Tanznachmittage und -abende, aber vor allem freute ich mich darauf, weil ich dort Stefan traf. Dieser junge Bursche wohnte am anderen Ende des Dorfes, war groß, blond und blauäugig, doch was mir am meisten gefiel, war sein blasser Teint, der das genaue Gegenteil von meinem darstellte. Ich hasste meine Haut, die schon bei der geringsten Sonnenbestrahlung braun wurde. Zeit meines Lebens habe ich mir eine weiße Haut gewünscht und konnte auch später nie begreifen, warum so viele Leute sich freiwillig in die Sonne legten, um sich bräunen zu lassen, oder gar in ein Solarium gingen.

Was Stefan an mir fand, weiß ich nicht, denn ich fand mich im Vergleich zu ihm sehr unscheinbar und unbedeutend. Trotzdem fühlte ich mich geschmeichelt und im siebten Himmel, dass dieser stattliche junge Mann nur mit mir tanzte. Da ich keine Eltern hatte, die am Rande des Saales auf mich aufpassten, störte sich auch niemand daran, dass ich ausschließlich mit Stefan tanzte, abgesehen höchstens von ein paar neidischen Mädchen aus dem Dorf.

Es war wieder einmal Sonntag, und ich tanzte wie immer nur mit Stefan. Ich trug an diesem Tag eine neue Bluse, schneeweiß mit Rüschen und einem kleinen Kragen, in der ich mir wunderschön vorkam. Die acht Musikanten auf der Bühne spielten mehr schlecht als recht eine flotte Polka. Die Stimmung im Saal war ausgelassen. Stefan drehte mich in einer Geschwindigkeit, der ich kaum standhalten konnte. Wir strahlten beide übers ganze Gesicht und waren glücklich wie nie zuvor. Alles schien perfekt, bis unser Tanz ein jähes Ende fand.

Ein neben uns tanzendes Paar kam ins Schwanken und drohte zu stürzen. Bei dem Versuch, den Sturz zu vermeiden, passierte es: Der Absatz eines schweren Schuhs traf brutal meinen Knöchel. Es war ein höllischer Schmerz, der mein ganzes Bein durchzuckte. An Tanzen war nicht mehr zu denken, und nur unter Aufbietung meiner gesamten Kräfte und auf Stefan gestützt konnte ich den Heimweg antreten, wobei der Schmerz mir noch immer die Tränen in die Augen trieb.

Vor der Haustür nahm mich Stefan in die Arme, küsste meine nassen Augen und anschließend ganz vorsichtig und zärtlich meinen Mund. Es war mein erster Kuss, und er war wunderschön. Ich spürte meinen Knöchel nicht mehr und fühlte auch keinen Schmerz, nur Stefans Lippen und meine zitternden Knie. Er sagte mir, dass er mich liebte und dass er sich mit keiner anderen sein Leben schöner vorstellen könnte. Mein Glück schien vollkommen an diesem Sonntagabend.

Am nächsten Morgen konnte ich nicht aufstehen. Tante Magdalena band meinen Fuß mit Tüchern fest ein, und damit hatte es sich. Wegen so einer Kleinigkeit, wie es meine Tante nannte, zum Arzt zu gehen, wäre viel zu teuer gewesen. Der Fuß würde auch von alleine wieder heilen. Doch die Verletzung besserte sich nicht wirklich. Ich humpelte die nächsten Wochen und Monate durch die Gegend, musste aber trotzdem meine Arbeiten verrichten. Zeitweise konnte ich kaum auftreten.

»Barbara, du musst zum Arzt gehen«, meinte Stefan, den ich gelegentlich heimlich traf. »Der Knöchel könnte gebrochen sein und muss behandelt werden, von alleine wird das nicht wieder.«

»Nein«, antwortete ich, »Tante Magdalena meint, dass es schade sei um das viele Geld, der Arzt ist ihrer Meinung nach ein Wucherer, und sie ist fest davon überzeugt, dass mein Knöchel mit ihren Bandagen genauso gut heilen wird.«

»So ein Schwachsinn, deine Tante redet völligen Unsinn. Soll ich mal mit deinem Onkel sprechen?«

»Nein, um Gottes Willen, wenn er etwas von uns erfährt, sperrt er mich ein, und wir können uns nicht mehr treffen. Sag bloß nichts.«

»Wie du willst, aber es ist sicher nicht richtig. Es tut

mir weh, dich so leiden zu sehen und nicht helfen zu können.«

Stefan legte seinen Arm um mich und drückte seine Lippen in mein Haar. Es war schön, das Gefühl, geliebt zu werden.

Im Laufe der Zeit ließen die Schmerzen nach, aber das Humpeln wurde nicht wesentlich besser. Jahrzehnte später sagte mir ein Arzt, dass mein Knöchel damals tatsächlich gebrochen war, aber ohne Gips oder Schiene nicht richtig zusammenwachsen konnte und dass mir die schlecht verheilte Bruchstelle mein ganzes Leben lang Probleme bereiten würde.

Zunächst aber zählte für mich nur, dass Stefan mich liebte und ihn mein Gebrechen nicht störte. Einige Monate lang trafen wir uns immer in der Dämmerung auf der zur Theiß hin abfallenden Seite des Dammes, wo uns die üppige Vegetation vor unerwünschten Blicken und Ohren schützte, wenngleich unser Austausch von Zärtlichkeiten ausgesprochen harmlos war. Mehr als Küssen hätten wir uns nie im Leben getraut. Leider, habe ich später oft gedacht, als die Dinge nicht so liefen, wie ich es mir erträumt hatte.

Irgendwann kam Onkel Johann dahinter, dass ich mich mit Stefan traf, und führte daraufhin mit dessen Eltern ein langes Gespräch. Im Anschluss daran berichtete er mir in knappen Worten vom Ausgang dieser Unterredung.

»Barbara, es tut mir sehr leid, aber Stefans Eltern sind nicht sonderlich angetan von einer Verbindung ihres Sohnes mit dir. Es liegt nicht an dir persönlich, wie sie mir ausdrücklich versichert haben, sondern vielmehr daran, dass Stefan eine Frau braucht, die kräftig genug ist, um in der Landwirtschaft richtig anzupacken. Sie sind der Ansicht, dass du mit deinem verletzten Fuß dazu nicht in der Lage bist.«

»Onkel Johann, du weißt ganz genau, dass das nicht stimmt. Ich arbeite doch auch auf eurem Feld, und nie habe ich mich darüber beklagt. Oder bist du vielleicht der Meinung, ich mache meine Arbeit schlecht oder ungenügend?«

»Nein, natürlich nicht, aber sie wollen dich nicht, Barbara, und außerdem haben sie für ihren Sohn bereits eine andere Frau ins Auge gefasst.«

Die letzten Worte meines Onkels trafen mich wie Faustschläge. Was sollte ich jetzt noch einwenden? Die Mitteilung, dass es für meinen Stefan bereits eine andere gab, war eine Tatsache, wenngleich er selbst noch nichts davon wusste – so lief das eben bei uns. Auch konnte ich die von Stefans Eltern vorgebrachten Argumente nicht verstehen, sie schienen mir völlig aus der Luft gegriffen. Ich war überzeugt, dass finanzielle Gründe dahintersteckten, denn mit einer großen Mitgift konnte ich natürlich nicht aufwarten.

Innerhalb von nur vier Wochen war Stefan verheiratet. Ich kannte Eva flüchtig und hatte sie nie besonders gemocht. Ihr Haar hatte eine leuchtend rote Farbe, was zur damaligen Zeit als Makel galt. Ihre Haut war blass und ihr Gesicht übersät von Sommersprossen, auch das nicht gerade ein Schönheitsideal der damaligen Zeit. Aber sie war groß und kräftig. Man sah ihr an, dass sie ordentlich zupacken konnte, und sie erhielt, was sicher noch mehr zählte, von den Eltern eine beachtliche Mitgift. Ich hatte keine Gelegenheit mehr, mich von Stefan zu verabschieden.

Es war ein trüber, regnerischer Tag, als die Hochzeit meines Liebsten stattfand, und mir schien, als würde der Himmel weinen. Trotz striktem Verbot von Onkel Johann ging ich zur Kirche, versteckte mich hinter dem Stamm eines dicken Baumes und konnte beobachten, wie das Paar nach der Trauung auf dem Kirchenplatz stand, um die Glückwünsche der Gäste entgegenzunehmen. Mein Stefan sah fabelhaft aus, doch seine Augen blickten nicht glücklich, sie strahlten nicht wie sonst, und eine unendliche Traurigkeit lag darin. Bestimmt dachte er in diesem Moment an mich, dass ich es hätte sein sollen, die an seiner Seite die Kirche verließ.

Enttäuschte Träume

Rudolfsgnad rückte näher an die große Welt heran, denn 1925 wurde unser Dorf an das Eisenbahnnetz angeschlossen. Die Eröffnung der neuen Bahnstation im November wurde mit einem riesigen Volksfest begangen, das wieder einmal Abwechslung in unser eintöniges ländliches Leben brachte.

Natürlich wollte jeder dabei sein. Ich ging hin in Begleitung von Hans, und auch Anna und ihre Familie waren mit von der Partie. Es war unangenehm kalt und feucht an diesem Tag, und so wunderte sich niemand, dass Jörgls Husten, der ihn seit einiger Zeit quälte, heute besonders aggressiv zu sein schien. Das Kind konnte kaum sprechen und wurde ständig von Hustenanfällen geschüttelt, sodass wir das Fest vorzeitig verlassen mussten. Zu Hause angekommen, glühte der Körper des kleinen Jungen im Fieber.

Sein Zustand verschlechterte sich von Woche zu Woche, der Husten hielt an, und das Kind hatte mit starken Atemproblemen zu kämpfen. Immer wieder überfielen ihn regelrechte Erstickungsanfälle. Auch die Ärzte wussten nicht zu helfen. Anna war mit ihrem Sohn nicht nur beim Dorfarzt, sondern auch in Titel gewesen, aber beide Ärzte hatten die gleiche, vernichtende Diagnose gestellt: Jörgl hatte Tuberkulose – Schwindsucht nannte man diese Krankheit damals, für die es in jener Zeit noch keine wirksamen Heilungsmöglichkeiten gab; es sei denn, man konnte sich ein teures Bergsanatorium leisten.

Der Winter war schrecklich. Wir litten mit dem Kleinen und konnten ihm doch nicht helfen. Vor allem Anna war außer sich – sie wollte es nicht wahrhaben, dass sie ihr Kind verlieren würde. Aber trotz aller Bemühungen starb Jörgl im folgenden Frühjahr.

Um den schweren Verlust besser verkraften zu können, begann meine Schwester, sich verstärkt um mich zu kümmern. Sie wusste, wie unglücklich ich bei Tante Magdalena war und wie sehr ich unter der Trennung von Stefan litt, und sie wollte mir helfen. Den einzigen Ausweg sah sie darin, einen netten Mann für mich zu suchen, denn andere Möglichkeiten gab es für ein Mädchen wie mich nicht.

Eines Abends, als wir einen Spaziergang auf dem Damm machten, kam sie behutsam auf ihr Anliegen zu sprechen.

»Barbara, ich möchte gerne mit dir über Toni sprechen, du weißt schon, Alberts Bruder. Wie findest du ihn eigentlich?«

»Wieso, wie soll ich ihn schon finden? Was meinst du damit?«

»Na was schon, ob er dir gefällt. Ich finde, er sieht doch ganz gut aus, oder nicht?«

»Ja schon, aber was bezweckst du mit deiner Frage? Willst du mich etwa mit ihm verheiraten?« Erstaunt blickte ich meine Schwester an.

»Genau so ist es und – wie denkst du darüber?«

»Anna, wie kommst du denn auf diese Idee. Ich will nicht heiraten. Ich habe die Sache mit Stefan noch nicht überwunden.«

»Barbara, du bist meine Schwester, und ich liebe dich. Seit dem Tod unserer Eltern fühle ich mich für dich verantwortlich. Ich sehe doch, wie unglücklich du bei Tante Magdalena bist. Glaube mir, es ist schön, verheiratet zu sein – ich zumindest habe es noch keinen Tag bereut, und ich bin mir ganz sicher, dass Toni dir ein guter und zuverlässiger Mann sein würde. Ich kenne ihn gut, schließlich ist er mein Schwager.«

»Das mag ja alles stimmen, aber ich kann mir nicht vorstellen, Toni oder irgendeinen anderen zu heiraten, bei Stefan wäre das anders.«

»Hör doch endlich mit diesem Stefan auf – das ist vorbei, ein für alle Mal. Denk an die Zukunft, sieh nach vorne und nicht immer nur zurück.«

»Und du hörst mit diesem Toni auf. Ich verspreche dir, ernstlich darüber nachzudenken, in Ordnung? Und nun lass uns endlich von etwas anderem sprechen.«

Toni war in Titel Mitglied einer Laientheatergruppe. Er spielte seine Rollen mit einer Begeisterung, die ihresgleichen suchte, und er spielte sie gut, sehr gut sogar. Er war zwei Jahre älter als ich und sah ausgesprochen gut aus. Er hatte schwarzes, glattes, dichtes Haar und kohlrabenschwarze Augen, seine Haut war leicht gebräunt, seine Nase schmal und gerade, das Gesicht ebenmäßig. Hätte es Stefan nicht gegeben, wäre ich sicher überglücklich gewesen, einen Mann wie Toni zu heiraten und eine Familie mit ihm zu gründen, doch mein Herz gehörte noch immer Stefan.

Trotzdem dachte ich gründlich über Annas Vorschlag, Toni zu heiraten, nach. Ich ließ mir sämtliche Für und Wider durch den Kopf gehen und kam schließlich zu dem Ergebnis, dass diese Verbindung für mich das Beste wäre. Doch Anna und ich hatten die Rechnung ohne den Wirt gemacht, denn Toni wollte mich nicht – er liebte eine andere.

Sie hieß Rosi und war ebenfalls Mitglied seiner Theatergruppe. Die beiden waren schon lange ein Liebespaar, und da sie beide in Titel lebten, war Tonis Eltern die Sache lange Zeit verborgen geblieben. Als dann aber die Wahrheit ans Licht kam, reagierten Tonis Eltern genauso, wie es zu erwarten gewesen war: nie und nimmer würden sie einer Verbindung ihres Sohnes mit Rosi zustimmen. In diesem Fall bestanden die Hinderungsgründe vor allem darin, dass das Mädchen Ungarin und zu allem Überfluss noch evangelisch war.

In dieser Situation kam es Tonis Eltern mehr als gelegen, als Anna mit ihrem Vorschlag herausrückte. Bereits eine Stunde später musste Albert ein Pferd vor den Wagen spannen und seine Mutter nach Titel zu Toni kutschieren. Es dämmerte schon leicht, als sie ankamen. Toni war gerade dabei, eine Rolle für die am nächsten Abend stattfindende Premiere zu proben.

Er war nicht wenig erstaunt über den unerwarteten Besuch und ahnte zugleich, dass etwas im Busch war. In aller Ruhe hörte er seine Mutter an, und mit jedem Wort von ihr wurde sein Gesicht blasser. Mühsam suchte er nach Worten, wandte alle seine Überredungskünste auf, um seine Mutter davon zu überzeugen, dass er Rosi von ganzem Herzen liebte und sich ein Leben an der Seite einer anderen Frau einfach nicht vorstellen konnte. Er flehte sie sogar auf Knien an.

»Mutter, das kannst du mir nicht antun, das kann

nicht dein Ernst sein. Ich will Rosi heiraten und sonst keine.«

»Mach dich doch nicht lächerlich, eine Ehe mit dieser Ungarin ist völlig unmöglich. Du wirst die Barbara heiraten und Schluss damit.«

»Bitte, bitte, Mutter lass mir die Rosi. Ich muss sie ja nicht heiraten, ich bleibe hier in Titel und lebe wie bisher mit ihr – dann stört es doch niemanden.«

Seine Mutter schüttelte nur stumm den Kopf.

Toni wandte sich nun an seinen Bruder: »Albert, versteh doch, wenn ich Annas Schwester heirate, trotz der Liebe zu Rosi, würde sie nie glücklich werden, und das kann doch unmöglich im Sinne von Anna sein. Außerdem liebt Barbara diesen Stefan. Was würde das für eine Ehe werden?«

Albert wollte zwar seinen jüngeren Bruder nicht unglücklich sehen, aber er konnte ihm nicht helfen. Seine Mutter und Anna wollten diese Verbindung – was Anna wollte, war ihm heilig, und was seine Mutter wollte, würde ohnehin geschehen. Letztendlich blieb Toni also nichts anderes übrig. Er stimmte der Heirat mit mir zu.

Einige Wochen nach diesem Gespräch stand er eines Sonntagmorgens vor unserer Tür, um mich um einen Spaziergang für ein Gespräch zu bitten. Wir gingen erst lange schweigend nebeneinander her, denn keiner von uns wusste so recht, wie er beginnen sollte. Wir waren sicher schon fünfzehn Minuten unterwegs, bis Toni endlich zu sprechen begann.

»Du weißt sicher, warum ich mit dir reden will? Wir sollen heiraten, weil deine Schwester und meine Mutter sich das in den Kopf gesetzt haben. Bevor du aber jetzt ja oder nein sagst, möchte ich dir einiges von mir erzählen – Dinge die du unbedingt wissen musst, bevor du dich entscheidest.«

Ich nickte nur stumm, ohne ihn anzusehen, wusste ich doch zu gut, was er mir zu sagen hatte.

»Barbara, ich weiß nicht, ob du gehört hast, dass ich in Titel nicht alleine bin, dass ich dort ein Mädchen habe.«

»Ja, das ist mir zu Ohren gekommen.«

»Ich weiß nicht, was dir sonst noch alles zu Ohren gekommen ist, aber ich würde dir gerne selbst alles erzählen, wenn du es überhaupt hören willst.«

»Natürlich, erzähl schon.« Ich blickte bei diesem Worten hinauf zu ihm und sah den Kummer in seinem Gesicht. Er tat mir so unendlich leid, denn ich wusste nur zu gut, was der Verzicht auf eine große Liebe bedeutete.

»Sie heißt Rosi«, begann er. » Ich kenne sie schon seit einigen Jahren. Wir spielen gemeinsam in der Theatergruppe, und wir haben uns auf Anhieb ineinander verliebt. Sie ist ganz alleine, sie hat außer mir niemanden. Entschuldige Barbara, was erzähle ich dir denn da, es muss dich doch verletzen!«

»Nein, nein, sprich ruhig weiter, ich verstehe dich.«

»Na gut. Also, wir haben uns verliebt, und wir lieben uns noch immer, aber du kennst meine Mutter und weißt, dass sie sich einer Heirat widersetzt, und ganz ohne den Segen der Familie – das ist auch schwer.«

Toni hatte den Kopf gesenkt, und ich spürte förmlich seine Traurigkeit. Er hatte Recht damit, dass seine Mutter diese Verbindung würde zu verhindern wissen.

»Barbara, ich will dich nicht belügen. Ich kann nicht sagen: ›Ich liebe dich, heirate mich‹, aber solltest du dich trotzdem dazu entschließen, verspreche ich dir, mich von Rosi zu trennen. Ich würde sie nie wieder sehen und meine Tätigkeit bei der Theatergruppe aufgeben. Ich käme zurück nach Rudolfsgnad, um mein ganzes bisheriges Leben zu verändern. Ich will nicht behaupten, dass mir das leicht fällt, aber ich will es versuchen. Barbara, ich würde dir ganz sicher ein guter Partner sein, und ich wäre dir auch treu. Du musst dich nicht sofort entscheiden, aber denk darüber nach.«

Meine Entscheidung war bereits gefallen, zumal es ja nie auf das Wollen oder Nichtwollen der Betroffenen ankam. Über unsere Verbindung hatten andere entschieden.

»Ich brauche nicht mehr darüber nachzudenken«, antwortete ich sogleich, »du weißt ja, dass auch ich eine unglückliche Liebe hinter mir habe, dass auch ich sie aufgeben musste. Ich kann also gut nachfühlen, wie es dir geht. Aber du musst ebenfalls wissen, dass ich darüber noch nicht völlig hinweg bin. Wenn dich das nicht stört, sage ich gerne ja.«

Ich meinte diese Worte in diesem Moment wirklich ernst. Außerdem hatte ich eigentlich Glück mit Toni – es hätte, weiß Gott, schlimmer kommen können.

Die Hochzeit wurde auf den 16. September 1927 festgesetzt. Es sollte keine große Feier werden, weil dazu einfach das Geld fehlte. Mein Erbe war bereits empfindlich geschrumpft, und den Rest wollten wir uns für ein eigenes Heim aufsparen.

Glücklicherweise erlaubte Onkel Johann es uns, die Hochzeit in seinem Haus auszurichten. Zu diesem

Zweck wurden am Vortag sämtliche Möbel in den Laubengang geschleppt, einschließlich des modernen Herdes, der Tante Magdalenas ganzer Stolz war. Die Nachbarn brachten Tische, Stühle und ihr Steingutgeschirr, das inzwischen auch in unserem rückständigen Dorf an die Stelle der Blechnäpfe und -teller getreten war. Um Platz für mehr als vierzig Gäste zu schaffen, wurde in allen drei Räumen eine Tafel aufgebaut. Die Musikanten spielten auf der Straße, und als Tanzfläche musste der Hof genügen.

Zum Glück war es ein warmer, sonniger Tag, an dem wir heirateten. Die gesamte Theatergruppe war aus Titel herübergekommen, mit Ausnahme von Rosi natürlich. Es sei denn, sie versteckte sich heimlich hinter einem Baum, wie ich es bei Stefans Hochzeit getan hatte.

Ich war aufgeregt wie kaum zuvor in meinem Leben. Als mein Bräutigam durch die Tür trat, um mich abzuholen, klopfte mein Herz bis zum Hals. Ich muss gestehen, er sah fabelhaft aus in seinem Anzug – so elegant hatte ihn noch nie gesehen. Ein kleines bisschen stolz war ich in diesem Moment schon auf ihn. Ich dagegen kam mir ziemlich altmodisch vor in meinem langen dunklen Rock mit der weißen Schürze und der weißen Bluse. Mein Brautgewand war zwar neu, aber sehr schlicht, doch für ein schöneres war kein Geld da. Meine Haare waren geflochten und zu der üblichen Krone aufgesteckt, mit ein paar weißen Blüten als Schmuck.

Toni kam auf mich zu und gab mir zum ersten Mal einen flüchtigen Kuss auf den Mund. Es war kein Erlebnis wie damals Stefans erster Kuss, aber unangenehm war es auch nicht, und mir wurde warm ums Herz. Ich hatte plötzlich das Gefühl, alles könnte noch gut werden und vor mir läge eine bessere Zukunft an der Seite eines Menschen, der mir nahestand und an den ich mich anlehnen konnte. Glücklich ging ich an seinem Arm an der Spitze des Hochzeitszuges zur Kirche.

Auf die Trauung folgte die Feier, und als die letzten Gäste gegangen waren, stellten wir, ebenso wie Onkel und Tante, provisorisch zwei Betten im Laubengang auf, weil im Haus noch ein heilloses Durcheinander herrschte, und schliefen dort. Das war unsere Hochzeitsnacht. Erst am nächsten Tag schafften wir Ordnung und stellten den alten Zustand im Haus wieder her.

Ich lebte nun zusammen mit meinem Mann in dem Zimmer, das ich vor meiner Hochzeit allein bewohnt hatte. Und die kommende Nacht, die erste in unserem gemeinsamen Zimmer, sollte auch die erste Nacht werden, die wir als Mann und Frau verbrachten. Obwohl meine Schwester mich sorgfältig darauf vorbereitet hatte, war mir ziemlich unbehaglich zumute. Doch meine Bedenken erwiesen sich als unbegründet. Toni war liebevoll, zärtlich und sehr verständnisvoll – immerhin verfügte er ja bereits über Erfahrungen. Trotzdem musste ich in dieser Nacht daran denken, wie es wohl mit Stefan gewesen wäre, denn so unerfahren ich war, merkte ich doch, dass mich und Toni keine wirkliche Leidenschaft verband. Aber so war das nun einmal mit Vernunftehen.

Eine eigene Familie

Nach unserer Hochzeit wurde uns schnell klar, dass wir uns so bald wie möglich um ein eigenes Heim kümmern mussten, denn von Tag zu Tag spürten wir mehr, dass wir bei Onkel Johann und seiner Frau nicht willkommen waren. Besonders die Tante gab uns das Gefühl, Eindringlinge oder Störenfriede zu sein. Was aber sollten wir tun? Wo sollten wir hin? Auf dem Land gab es keine Mietwohnungen, in die man so einfach hätte ziehen können.

Mein altes Elternhaus, das seit unserem Auszug nach Vaters Tod leer stand, war nicht mehr bewohnbar. Das Dach war undicht, der Putz zum Teil von den Wänden gebröckelt, die Fensterscheiben waren zerbrochen und die Rahmen verfault. Es zu renovieren, hätte sich nicht gelohnt. Auf jeden Fall aber blieb uns das Grundstück, beziehungsweise die Hälfte davon, denn die andere war Eigentum meines Bruders. Doch die Fläche war groß genug für zwei Häuser, und so begannen wir im kommenden Frühjahr mit den Arbeiten. Zunächst rissen wir die alten Gemäuer ab und nahmen dann den Neubau in Angriff.

Obwohl in anderen Gegenden gar nicht so weit von uns die Neuzeit mit wachsendem Wohnkomfort, mit Badezimmern, Heizungen, voll elektrisierten Küchen und anderem Luxus Einzug gehalten hatte, sah unser neues Haus nicht anders aus als jene, welche die ersten Siedler im Banat errichtet hatten. Es war einfach üblich so, und jeder hielt sich daran. Außerdem hätten wir uns in Anbetracht unserer finanziellen Mittel gar nichts anderes leisten können. Von meinem Erbe war nach der Hochzeitsfeier kaum noch etwas vorhanden, die Einnahmen aus der Verpachtung der Felder waren bescheiden, und Tonis Einkommen als Seiler war ebenfalls alles andere als üppig.

Im Sommer – wir hatten kaum das Dach eingedeckt – bestand Tante Magdalena darauf, dass wir bei ihr auszogen. So blieb uns nichts anderes übrig, als mit dem Allernötigsten in unseren Rohbau überzusiedeln, in dem noch die Fenster fehlten, der Putz an den Wänden und der Lehmbelag auf den Fußböden. Wir stellten unser Bett in die Speisekammer und trieben mit Hochdruck die Arbeiten voran, Wir mussten so schnell wie möglich fertig werden, denn ich war schwanger, und das Kind sollte bereits in den ersten Septembertagen zur Welt kommen.

Mitte August hatten wir es dann endlich geschafft. Toni strich noch die Wände, dann konnten wir das Haus einrichten. Alles war bereit für unser Kind – wir freuten uns schon sehr darauf, vor allem mein Mann konnte es kaum erwarten. Albert hatte uns eine Wiege geschreinert – eigentlich hatten wir die von Jörgl ausleihen wollen, aber Anna war ebenfalls schwanger und würde sie selbst bald brauchen.

Am frühen Nachmittag des 6. September 1928 war es dann endlich so weit: meine Tochter wurde geboren. Als Toni abends nach Hause kam, lag die Kleine gewaschen und gewickelt neben mir im Bett. Er stürmte ins Zimmer, denn auf der Straße hatte er bereits gehört, dass er eine Tochter hatte. Seine Augen strahlten unser bildhübsches Baby an, das die schwarzen Haare und mandelförmigen Augen seines Vaters geerbt hatte. Vorsichtig nahm er das winzige Kind auf seinen Arm, als hätte er Übung darin, und tanzte mit ihr durchs Zimmer.

Wir hatten uns schon lange vor der Geburt darauf geeinigt, dass unser Kind, falls es ein Mädchen würde, den Namen meiner verstorbenen Mutter erhalten sollte: Katharina. Da war sie nun, meine Kathi, und ich nahm mir in diesem Winter viel Zeit für sie – außer den anfallenden Hausarbeiten tat ich kaum etwas. Allerdings hatten wir, abgesehen von ein paar Hühnern und Gänsen, keine Tiere, die ich füttern musste, und so konnte ich die ersten Monate mit meinem Kind in vollen Zügen genießen.

Aber auch dieser Winter ging einmal zu Ende, und das Frühjahr kam und mit ihm die Arbeit auf den Feldern; besser gesagt, meine Arbeit. Wir waren nämlich nach längeren Überlegungen zu dem Entschluss gekommen, unsere Felder in Zukunft wieder selbst zu bewirtschaften, denn das würde uns mehr einbringen als der bescheidene Pachterlös. Geld brauchten wir dringend: In unserem Haushalt fehlte es an allen Ecken und Enden, außerdem hatten wir beschlossen, für ein Pferd und einen Wagen zu sparen.

Ich hatte schon daran gedacht, wie andere Tagelöhnerfrauen es taten, mit Seidenraupen etwas dazuzuverdienen. Man holte sich in der Seidenfabrik in Titel eine Brut junger Raupen und fütterte sie mit den Blättern der Maulbeerbäume, die bei uns im Dorf überall standen. Man kam mit Pflücken kaum nach, so gefräßig waren die winzigen Würmchen. Sobald sie ihre Fressperiode beendet hatten, begannen sie ihre Kokons zu spinnen, und nach etwa vier Tagen brachte man sie in die Fabrik zurück, wo man nach Gewicht entlohnt wurde. Der Gedanke an eine zusätzliche Einnahmequelle war zwar verlockend, andererseits würde ich genau dann mit den Seidenraupen beschäftigt sein, wenn die Arbeit auf dem Feld richtig begann, und so verwarf ich mein Vorhaben wieder.

Es musste auch anders gehen, wenngleich es nicht einfach werden würde. Toni konnte mir bei dieser Arbeit nicht helfen, da er die ganze Woche über in Titel arbeitete. Erschwerend kam hinzu, dass unsere Felder zehn Kilometer außerhalb des Dorfes lagen. Ohne Fuhrwerk konnte ich unmöglich jeden Morgen und jeden Abend diese Strecke zurücklegen, vor allem nicht mit einem Kleinkind. Es blieb also nichts anderes übrig, als auf dem Feld zu übernachten, wie es in früheren Zeiten die Bauern oftmals gemacht hatten.

Den ganzen Sommer über war ich zumeist im Wechsel drei Tage draußen auf dem Feld und drei Tage im Dorf. Toni hatte mir eine kleine Hütte gebaut, in der ich mich mit Kathi einigermaßen bequem einrichten konnte. Meine Schwiegermutter, Oma Gretl, hatte mir zwar angeboten, auf das Baby aufzupassen, während ich auf dem Feld war, aber ich stillte noch und wollte vorerst nicht damit aufhören, denn die Milch, die wir sonst hätten kaufen müssen, war teuer. Außerdem hatte man mir erzählt, man könnte nicht schwanger werden, solange man noch stillte. Wieder so ein Ammenmärchen – ein halbes Jahr nach Kathis Geburt, im März, merkte ich, dass mein zweites Kind sich anmeldete.

So gern ich Kinder hatte – die erneute Schwangerschaft belastete mich, weil ich somit weniger durch Feldarbeit zu einem zusätzlichen Familieneinkommen beitragen konnte. Ich hoffte so sehr, dass es im Herbst zumindest für die Anschaffung eines preisgünstigen Gespanns reichen würde. Immer wieder rechnete ich alles durch, während ich mit schmerzendem Knöchel auf dem Feld arbeitete und mein Kind weinen hörte, das sich wohl vernachlässigt fühlte.

Als dann der Spätherbst kam, und mein Bauch immer runder wurde, war die Ernte eingebracht. Ich konnte mich wieder mehr meiner Tochter widmen und auch häufiger meine Schwester besuchen, die inzwischen einen Sohn bekommen hatte, der auf den Namen Ferdinand getauft wurde. Langsam wurde ich ruhiger, denn bislang war alles gut gegangen, und im Stall standen Pferd und Wagen. Wir planten außerdem bereits, eine eigene Seilerei zu eröffnen, damit Toni nicht immer nach Titel musste.

Am 10. Dezember 1929 kam um sieben Uhr morgens unsere zweite Tochter zur Welt, dunkelhaarig und mandeläugig wie ihre Schwester, nur zarter und kleiner. Sie erhielt den Namen Marie. Wieder war mein Mann außer sich vor Freude. Er unterschied sich wesentlich von den anderen Männern, die um jeden Preis einen Sohn wollten.

Ganz im Gegenteil: Toni vergötterte seine Mädchen und blieb am Tag nach Maries Geburt sogar seiner Arbeit fern. Er war überhaupt ein ungewöhnlicher Vater, denn er ließ es sich nicht nehmen, seine Töchter zu füttern, zu windeln und vieles mehr. Zumindest in unserer Gegend tat das niemand außer ihm. Zeitweise kam es mir so vor, als würde ich neben ihnen am Rande stehen.

Es war im Frühjahr nach Maries Geburt, als ich feststellen musste, dass ich schon wieder schwanger war. Die kommenden Tage verfiel ich in eine tiefe Depression, und auch Toni war nicht begeistert. Wie sollte ich mit drei Kindern die Felder bestellen? Schon mit zweien würde es ungeheuer schwierig sein. Auch unsere großen Pläne für die Zukunft gerieten ins Wanken: der Bau einer eigenen Werkstatt, der nur möglich war, wenn durch unsere Landwirtschaft ausreichende finanzielle Mittel erwirtschaftet wurden. Ob sich das mit zwei Kleinkindern und einer schwangeren Frau bewältigen ließ? Wohl kaum.

Meine Gedanken gingen in alle Richtungen. Ich dachte darüber nach, meine Schwiegermutter darum zu bitten, die beiden Mädchen zu betreuen, damit ich wie geplant meine Feldarbeit verrichten konnte. Mit der Schwangerschaft würde ich schon klarkommen. Oma Gretl war jedoch nicht davon abzubringen, dass ich dieses dritte Kind auf keinen Fall austragen durfte.

Sie hatte Erfahrung auf dem Gebiet der Abtreibung: Sie selbst hatte einige hinter sich, und überdies hatte sie vielen Frauen dabei geholfen, ungewollte Schwangerschaften abzubrechen. So etwas war, da zuverlässige Verhütungsmittel fehlten, damals leider an der Tagesordnung. Auch hatten wir Landmädchen praktisch keine Ahnung, wie sich das mit dem weiblichen Zyklus und den fruchtbaren Tagen verhielt. Also saßen wir ständig in der Patsche.

Die betroffenen Frauen standen vor dem Dilemma, immer mehr Kinder zur Welt zu bringen, für die sowohl der Platz in den beengten Häusern als auch das Geld für Kleidung und Ausbildung fehlten, oder sich einem hochriskanten heimlichen Eingriff auszusetzen, der nur zu oft tödlich endete. In den Großstädten gab es zwar schon Ärzte, die einen Abbruch illegal, aber fachmännisch durchführten, doch für uns in der tiefsten Provinz war so etwas undenkbar. Also blieb einem nichts anderes übrig, als sich in die Hände von Frauen wie Oma Gretl zu begeben.

Sie erläuterte mir die unterschiedlichsten Methoden, als handle es sich um Kochrezepte. Mir schauderte bei ihren Erklärungen. Schweiß stand auf meiner Stirn, mir wurde so übel, dass sich mein Magen verkrampfte, und ich hatte das Gefühl, mich übergeben zu müssen. Die schrecklichste und für mich völlig unvorstellbare Abtreibungsvariante bestand darin, eine lange Stricknadel, die zuvor zur Desinfektion ins offene Feuer gehalten worden war, tief in die Scheide einzuführen und dann immer wieder kräftig zuzustoßen, um damit eine Fehlgeburt herbeizuführen. Diese Methode endete in den meisten Fällen mit dem Tod der Frau.

Deshalb bevorzugte Oma Gretl Seifenlauge. Dabei wurde eine große Einlaufspritze tief in die Scheide eingeführt und eine extrem starke Lauge in die Gebärmutter injiziert. Diese Methode war weniger schmerzhaft und wesentlich ungefährlicher als die Stricknadel, hatte aber zum Nachteil, dass es nur selten beim ersten Mal funktionierte und deshalb die Prozedur mehrfach wiederholt werden musste.

Das waren deprimierende Aussichten. Ich verließ meine Schwiegermutter mit hängendem Kopf. Wie in Trance setzte ich einen Fuß vor den anderen, nahm nicht den direkten Weg nach Hause, sondern ging ziellos durch die Gassen unseres Dorfes. Ich wusste nicht, was ich tun sollte, denn bis zu diesem Tag hatte ich keinen Gedanken darauf verschwendet, selbst einmal in solch einer schrecklichen Situation zu sein. Ich dachte an meine Töchter, an ihre hübschen Gesichter und stellte mir gleichzeitig die Stricknadeln vor, wie sie erbarmungslos zustießen. Andererseits hatte Oma Gretl Recht – ein weiteres Kind würde unsere familiäre und finanzielle Situation stark beeinträchtigen. Und zu allem Überfluss war damit zu rechnen, dass ich ein Jahr später erneut vor diesem Problem stehen würde.

Dann wieder musste ich an die schreckliche Geschichte von Annas Freundin Elisabeth denken, die vor einigen Jahren einen fatalen Abtreibungsversuch unternommen hatte. Als wir sie besuchten, lag sie bleich in ihren Kissen, mit eingefallenen Wangen und geschlossenen Augen, jeder Blutstropfen schien aus ihrem Gesicht gewichen zu sein. Niedergeschlagen empfing uns ihr Mann an der Tür und führte uns ins Schlafzimmer. Finny, Elisabeths vierjährige Tochter, saß auf dem Bett ihrer Mutter und versuchte, sie aufzuwecken.

»Mami, Mami, wach auf, ich möchte, dass du aufstehst.«

Finny rüttelte an der Bettdecke ihrer Mutter, aber Elisabeth reagierte nicht. Anna und ich sahen uns erschrocken an und riefen nach Josef, der die Kleine vom Bett hob und ins Nebenzimmer zur Großmutter brachte. Dann setzte er sich auf das Bett seiner Frau und streichelte zärtlich ihre Wange. Wir standen stumm daneben und wussten nichts zu sagen. Bis zu diesem Moment hatte ich keine Ahnung, was mit Elisabeth los war, ich wusste nur von einer Krankheit. Doch es war ganz offensichtlich, wie schlecht es ihr ging. Ich gab Anna einen Wink, und wir entfernten uns leise und unauffällig. Draußen drang ich in Anna, mir die Wahrheit zu sagen.

Meine Schwester sah mich bedrückt an. Nachdem wir uns ins hohe Gras neben dem Damm gesetzt hatten, legte sie ihren Arm um meine Schulter und sagte:

»Barbara, versprich mir, dass du so etwas niemals machst.«

»Was soll ich niemals machen?«

»Das, was Elisabeth getan hat.«

»Nun red endlich. Was willst du mir eigentlich sagen?« Ich wurde ungeduldig, denn Anna sprach in Rätseln.

»Elisabeth war wieder schwanger, wollte aber kein viertes Kind. Da hat sie halt versucht, etwas dagegen zu unternehmen – sie hat es mir vor ein paar Tagen erzählt, aber ich konnte sie nicht davon abbringen.«

Anna schnäuzte lautstark in ihr Taschentuch und schob es wieder in ihre Rocktasche zurück.

»Und wie hat sie es getan?«, fragte ich neugierig. »Das machen doch viele, oder?«

»Ja, aber anscheinend ist etwas schiefgelaufen, was, weiß ich auch nicht. Wie sie es versucht hat, wollte ich sie eigentlich heute fragen, aber du hast sie ja gesehen …«

»Glaubst du, dass Elisabeth sterben muss?«

»Ja, das glaube ich.« Anna stand wieder auf, und wir gingen nach Hause zurück. Ich wusste nicht, wie ich meine Schwester trösten sollte, denn Elisabeth stand ihr sehr nahe. Zwei Tage später starb sie.

Elisabeths Bild stand mir die nächsten Tage immer wieder vor Augen, vor allem, wenn ich schlaflos im Bett lag. Ich glaubte, wieder ihr leises Stöhnen zu hören und ihre kleine Tochter zu sehen, wie sie vergeblich versuchte, die Mutter aufzuwecken. Aber Oma Gretl ließ mir keine Wahl. Eines Morgens stand sie um sechs Uhr vor unserer Tür, packte meine Kinder und brachte sie zu Anna, ohne mir irgendeine Erklärung zu geben.

Schon wenige Minuten später war sie zurück, ausgestattet mit Einlaufspritze und Seifenlauge. Auf meine Proteste nicht eingehend, zog sie mich am Arm ins Schlafzimmer, drückte mich aufs Bett, schob mir den Rock hoch, und ehe ich mich versah, war es ihr auch schon gelungen, die Spritze einzuführen. Ein höllischer Schmerz durchfuhr mich, als sie grob zustieß und die scharfe Lauge in meine Gebärmutter drang. Ich war wie gelähmt, unfähig, mich zu wehren oder zu schreien. Vielleicht hatte das seinen Grund darin, dass auch ich dieses Kind nicht wirklich wollte.

Nachdem Oma Gretl ihr schreckliches Werk beendet hatte, schickte sie mich sogleich in den Wald, um Reisig zu sammeln. Das ständige Bücken sollte dabei helfen, die Fehlgeburt auszulösen. Mechanisch hob ich Reisig um Reisig auf, füllte einen Korb nach dem anderen und musste unentwegt an das arme Geschöpf in meinem Bauch denken. Zugleich betete ich ohne Unterlass dafür, dass Oma Gretls Bemühungen Erfolg hatten. Die schrecklichsten Bilder erschienen vor meinen Augen, und ich wollte nichts anderes, als dass dieser Spuk ein schnelles Ende fand.

Etwas später stellten sich dann Blutungen mit einer

Intensität ein, wie ich sie mir niemals vorgestellt hätte. Drei Tage lag ich im Bett und weinte, vor Schmerzen und Kummer, in den sich jedoch auch Erleichterung mischte. Der Abbruch war gelungen. Die Erinnerung daran habe ich, so gut es ging, zu verdrängen versucht, doch es gelang nicht immer. Vor allem später, als solche mittelalterlichen Methoden längst der Vergangenheit angehörten, überfiel mich oftmals ein entsetzliches Grauen. Was taten wir damals eigentlich? Und warum ließen wir zu, was man mit uns machte? Hätten wir etwas anders machen können? Ich fand keine Antwort.

Schwanger wurde ich jedoch nie wieder.

Schicksalsjahre

Dann kam das Jahr 1931. Anna wurde krank, schwerkrank. Es begann mit einem harmlosen Husten, der trotz Behandlung von Woche zu Woche schlimmer wurde. Ihr Zustand erinnerte mich an den des kleinen Jörgl. Eine bange Vorahnung befiel mich.

Mein Schwager Albert war von der fixen Idee nicht abzubringen, dass die schlechte Luft in unserem Dorf, das auf ehemaligem Sumpfland erbaut war, schuld wäre an Annas Erkrankung. Ebenso war er felsenfest davon überzeugt, der Tod seines Sohnes hätte durch einen rechtzeitigen Wohnungswechsel verhindert werden können. Noch einmal wollte er sich keine Vorwürfe machen müssen und siedelte mit Frau und Kind nach Titel über, wo es ihm gelungen war, eine kleine Wohnung zu finden.

Mit Ausnahme von Albert war jedoch jedem klar, dass Anna nicht mehr zu helfen war. Meine Schwester hatte Tuberkulose und würde sterben. Alle meine Gedanken drehten sich um Anna und ihre Krankheit, um ihren unausweichlichen Tod und meinen bevorstehenden Verlust. Ein Leben ohne Anna? Ich konnte nicht mehr schlafen, nicht mehr essen, ich war am Boden zerstört. Warum nur starben alle Menschen, die ich liebte?

Jede freie Minute verbrachte ich mit meiner Schwester, denn die kurze Zeit, die uns noch blieb, war kostbar. Oma Gretl nahm mir sogar meine Kinder ab, wann immer es eben möglich war, und packte bei den Hausarbeiten an. Die Feldarbeit ließ ich in diesem Jahr einfach liegen – es war alles so unwichtig geworden. Geld spielte in diesem Moment keine Rolle für mich, denn mit allem Geld der Welt konnte ich nicht verhindern, dass meine Anna mich bald, sehr bald verlassen würde.

Sie wurde von Tag zu Tag schwächer, konnte kaum noch atmen, und ich konnte nichts, absolut nichts dagegen tun. Meine Hilflosigkeit machte mich wütend und zornig auf alles und jeden. An dem Tag, an dem Annas Herz aufhörte zu schlagen, war ich ganz allein mit ihr, und ich war froh darüber. Ich legte mich neben sie aufs Bett und nahm sie ganz fest in meine Arme – es war, als wollte ich sie um jeden Preis festhalten in dieser Welt. Das Sprechen fiel ihr schwer, doch sie wollte mir noch etwas sagen. Flehend blickten ihre Augen zu mir auf, und ich verstand auch ohne Worte, was meiner sterbenden Schwester auf der Seele brannte.

Ich nahm alle meine Kräfte zusammen, damit mir die Stimme nicht ganz versagte, und sprach mit mühsamer Beherrschung:

»Anna, mach dir keine Sorgen, ich werde immer für deinen Jungen da sein. Niemals werde ich zulassen, dass man ihm wehtut, er wird wie mein eigenes Kind sein, das schwöre ich dir, Anna.«

Leise, ganz leise war ihre Stimme, als sie zu sprechen versuchte:

»Du musst für Albert eine Frau finden, Barbara. Such ihm eine gute Frau – bitte, überlass es nicht Oma Gretl. Sie würde sicher keine so gute Wahl treffen, und denk dabei vor allem an mein Kind, hörst du? Bitte Barbara, versprich mir das.«

Mit großer Mühe hob Anna ihren Kopf, und ich versprach, ihren letzten Wunsch zu erfüllen. Mein ganzes bisheriges Leben an der Seite meiner Schwester ließ ich in diesem Augenblick Revue passieren, die schönen Tage der Kindheit ebenso wie die schweren Tage, als unsere Eltern und Großeltern sowie später der kleine Jörgl starben. Nun war auch noch Anna gegangen.

Lange Zeit blieb ich noch neben ihr liegen, es können Stunden gewesen sein. Ich konnte und wollte mich nicht von ihr lösen – noch war sie da, noch hielt ich sie in meinem Arm, doch wenn ich mich erhob, war es für immer vorbei. Dann würde es endgültige Gewissheit sein, dass ich nie wieder mit ihr sprechen, nie wieder mit ihr lachen, nie wieder mit meinen Sorgen zu ihr gehen konnte, und nie wieder würde sie mir liebevoll entgegenlächeln.

Meine Schwiegermutter verlor keine Zeit. Bereits einen Tag nach Annas Tod, noch vor der Beerdigung, machte sie sich daran, für Albert eine neue Frau zu suchen. Wenn man heute so etwas erzählt, klingt das ungeheuer takt- und lieblos. Aber in unserem dörflichen Lebensgefüge, ich habe es bereits erwähnt, war das eine Selbstverständlichkeit und hatte nichts mit mangelnder Trauer und Liebe zu tun. Ein Mann brauchte für die Arbeit im Haus und auf den Feldern schnellstmöglich eine neue Frau, und jede Frau, die ihren Mann verlor, musste schleunigst anderweitig untergebracht werden.

Diesmal, im Fall meiner eigenen Schwester, fiel es mir jedoch schwer, diese Gepflogenheiten zu akzeptieren. Aber ich hatte Anna mein Wort gegeben und konnte Oma Gretl nicht tatenlos das Feld überlassen. Ich musste ihr zuvorkommen und eine Frau für Albert finden, von der ich überzeugt war, dass sie auch gut zu Ferdinand sein würde. Einige Tage nach Annas Beerdigung machte ich mich schweren Herzens auf den Weg zu meiner Freundin Katharina, die seit kurzem Witwe war und nicht wusste, was aus ihr werden sollte. Sie hatte zwei Töchter, Susi und Käthe, und würde bestimmt auch Annas Sohn eine gute Mutter sein.

Katharina war nicht wenig überrascht von meinem Anliegen. Sie gab zu bedenken, dass es reichlich früh sei, schon jetzt eine neue Frau für Albert zu suchen, und erbat sich ein paar Tage Bedenkzeit. Doch auch sie wusste, dass falsche Rücksichtnahmen niemandem nützten, und sagte schließlich zu.

Mein Schwager, der nach Annas Tod mit Ferdinand wieder nach Rudolfsgnad zurückgekehrt war, hatte nichts gegen eine Verbindung mit meiner Freundin einzuwenden. Es war ihm letztlich gleichgültig – er trauerte um seine Anna, und für ihn spielte es kaum eine Rolle, wen er heiraten würde. Sechs Wochen nach Annas Tod fand also die Eheschließung mit einer schlichten Zeremonie statt, und Katharina zog mit ihren beiden Töchtern zu Albert, Ferdinand und Oma Gretl ins Haus.

Auch wenn ich diese Heirat wegen Ferdinand intensiv unterstützt hatte, tat mir meine Freundin leid, denn Oma Gretl war seit dem Tod ihres Mannes noch unausstehlicher geworden. Katharina andererseits war nicht so gutmütig wie Anna und setzte sich zur Wehr. Die Streitigkeiten ließen nicht lange auf sich warten und vergifteten das Zusammenleben. Dabei hätten Albert und Katharina eine wirklich harmonische Ehe führen können. Doch die Oma trieb mit ihren Sticheleien ständig einen Keil zwischen die beiden, obwohl sie selbst natürlich der Meinung war, immer nur das Beste für ihren Sohn und Enkel im Auge zu haben.

Eines Tages eskalierten die Differenzen so sehr, dass auch Albert hineingezogen wurde. Er rastete völlig aus und verpasste seiner Mutter eine Ohrfeige. Diese packte sofort ihre wichtigsten Habseligkeiten, rannte zur Tür hinaus und verschwand in der Dunkelheit. Albert lief ihr zwar sofort nach, konnte sie aber nicht mehr entdecken. Minuten später stand Oma Gretl vor unserer Tür.

Das Ende vom Lied war, dass meine Schwiegermutter bei uns einzog und uns damit vor eine völlig veränderte Situation stellte. Natürlich war es damals nichts Ungewöhnliches, dass mehrere Generationen unter einem Dach lebten – so war es auch in meinem Elternhaus gewesen –, aber angesichts des problematischen Charakters von Oma Gretl war ich eigentlich recht froh, sie nicht ständig um mich haben zu müssen.

Dennoch musste man die Dinge nehmen, wie sie waren. Am Anfang war das Zusammenleben für alle ziemlich gewöhnungsbedürftig, aber mit der Zeit arrangierten wir uns irgendwie. Ich war zwar nicht so duldsam wie meine tote Schwester, aber weniger aufmüpfig als Katharina. Ich lebte einfach nach dem Grundsatz, was zum einen Ohr hineingeht, geht beim anderen auch wieder hinaus. Auf diese Weise schaffte ich es, meine Schwiegermutter zu ertragen. Ich ließ sie einfach reden, sagte immer ja und machte trotzdem, was ich wollte. So kamen wir leidlich über die Runden. Fairerweise muss ich zugeben, dass ihr Einzug bei uns auch eine enorme Erleichterung für Toni und mich bedeutete, denn sie konnte jederzeit auf Kathi und Marie aufpassen und kümmerte sich meist ums Kochen, so dass mir wieder mehr Zeit für andere Arbeiten blieb.

Im Jahr nach Oma Gretls Übersiedlung geschah etwas, das diese nicht immer angenehme Neuerung mehr als wett machte: Hans, mein jüngerer Bruder, kehrte zurück nach Rudolfsgnad. Das Grundstück neben uns würde nun nicht länger leer bleiben – Hans baute dort ein Haus für sich und seine künftige Familie.

Ja, mein Bruder wollte heiraten. Er hatte es in dieser Hinsicht bedeutend besser, als Anna und ich es gehabt hatten. Es gab keine Eltern und Großeltern mehr in seinem Leben, die ihm Vorschriften gemacht und ein Mädchen für ihn ausgesucht hätten. Hans konnte also seine künftige Frau selbst auswählen, und niemand hatte versucht, ihm da hineinzureden, nicht einmal Onkel Johann. Das lag vermutlich daran, dass gerade in den letzten Jahren auch in den Dörfern ein Gesinnungswandel eingetreten war und man den jungen Leuten mehr und mehr die Entscheidung überließ, wen sie heiraten wollten. Ich war glücklich, dass Hans seinem Herzen folgen und seine Leni heiraten konnte.

Ein Zimmer in dem neu erbauten Haus diente ihm als Schneiderwerkstatt. Er war fleißig, geschickt und voller Ideen, sodass es ihm zu keiner Zeit an Kundschaft mangelte. Außerdem begann sich in punkto Kleidung gerade einiges zu verändern. Die jungen Leute waren es leid, immer in den traditionellen Trachten oder anderen altmodischen Gewändern herumzulaufen. Durch

Besuche in den großen Städten oder durch Magazine hatte man entdeckt, was man in der großen weiten Welt trug, und die Burschen und Mädchen, die jungen Frauen und Männer aus den Dörfern und Kleinstädten verlangten jetzt ebenfalls nach modischer, leichter und farbenfroher Kleidung. Da kam ihnen ein junger aufstrebender Schneider, der diese Art von Kleidung zu fertigen gelernt hatte, gerade recht.

Ich freute mich für Hans über seinen beruflichen Erfolg, ich freute mich über sein Familienglück, denn er wurde Vater zweier Töchter – vor allem aber war ich selig, ihn wieder in meiner Nähe zu haben. Nach Annas Tod war er mein einziges Bindeglied zu meiner Kinderzeit.

Als Hans bereits seine Schneiderwerkstatt betrieb, wagten auch Toni und ich den Sprung in die Selbstständigkeit. 1933 hatten wir genug Ersparnisse zusammen, um uns den Traum von einer eigenen Seilerei erfüllen zu können. Das Unternehmen ließ sich auch unseren Erwartungen entsprechend an, denn die Nachfrage nach unseren Seilen war groß. Toni hatte beschlossen, nicht mehr, wie früher üblich, Hanf zu verarbeiten, sondern das Rohmaterial aus Manila zu beziehen. Die daraus gefertigten Stricke waren zwar nicht ganz so haltbar, dafür aber wesentlich billiger, und das war es, was in erster Linie bei den Kunden zählte.

1933 war überhaupt ein wichtiges Jahr im Leben unseres Dorfes. Dass es ein Schicksalsjahr für die ganze Welt werden sollte, ahnten wir anfangs nicht. Nach Jahrzehnten der Rückständigkeit wurde Rudolfsgnad an die Zivilisation angeschlossen. Nachdem wir bereits einen Bahnhof hatten, wurde nun auch die Straßenverbindung ausgebaut. Es gab elektrisches Licht, Radio und Telefon. Unser Gemeindevorstand hatte sich in den letzten Jahren intensiv darum bemüht, den Anschluss an das Stromnetz zu erwirken, und unsere Straße war die erste im Dorf, die in den Genuss eines Stromanschlusses kam. Wir freuten uns riesig, denn endlich würden wir diese schrecklich rußenden Petroleumlampen loswerden, die darüber hinaus eine latente Gefahrenquelle für Zimmerbrände darstellten – besonders alte Leute gingen bisweilen sorglos mit den Lampen um. Es war auch eine Erleichterung, dass Licht jederzeit verfügbar war und wir nicht mehr darauf achten mussten, ob uns das Petroleum ausging.

Es war einfach fantastisch, mit einem einzigen Handgriff das Licht anschalten zu können, und wir genossen das ungewohnt helle, allerdings auch weniger warme Licht in vollen Zügen. Unendlich modern und fortschrittlich kamen wir uns vor. Aber das Beste an dem neu erworbenen Stromanschluss war die Möglichkeit, Radio hören zu können.

Mein Bruder Hans war der Erste, der einen Rundfunkempfänger aus Titel mit nach Hause brachte. Kaum hatte sich die Sensation im Dorf herumgesprochen, als sich sogleich nahezu die halbe Straße bei Hans und Leni einfand, um das neue Radio zu bewundern.

Groß und dominierend stand der Kasten mitten auf dem Küchentisch, und stolz empfing mein Bruder die neugierigen Nachbarn, die zum Teil ihre eigenen Stühle mitgebracht hatten und sich um den Tisch mit dem braunen Ungetüm scharten. Hans drehte unentwegt an den Knöpfen, um einen Sender zu suchen, und es dauerte ziemlich lange, bis das anfängliche Rauschen durch Musik abgelöst wurde. Dann tönten serbische Worte aus dem Gerät, und der nächste Sender brachte irgendetwas auf Ungarisch, dann wieder erklang laute, krächzende Musik. Nach einer Weile jedoch gelang es Hans, einen deutschen Sender zu finden. Ein Jubelruf ging durch die kleine, heimelige Küche, und es wurde mäuschenstill, denn jeder wollte genau zuhören.

Es war eine Nachrichtensendung mit einer Sondermeldung, die über den Äther kam, aber damals konnten wir nicht ahnen, dass an diesem Tag im fernen Berlin auch die Weichen für unser Schicksal gestellt wurden. Es war der 30. Januar 1933, und der Sprecher verkündete, dass Adolf Hitler vom Reichspräsidenten Hindenburg zum Reichskanzler ernannt worden war. Natürlich hatten wir schon von den Nationalsozialisten in den Zeitungen gelesen, und so entbrannte im Anschluss an die Sendung eine heftige Diskussion, bei der die Meinungen weit auseinanderklafften – die einen fanden diesen Hitler gut, die anderen wiederum hielten wenig von ihm.

Bei Deutschen, die im Ausland lebten, kam Hitlers Deutschtümelei zweifellos an. Sein Vorhaben, die Ergebnisse des »Verzichtsfriedens« von Versailles, wie man damals gerne sagte, zu revidieren, klang nicht nur verlockend für konservative Kreise, und dass er die Arbeitslosigkeit zu beseitigen versprach, brachte ihm viele Sympathien ein. Sein Plan, die Juden und die als »Untermenschen« deklarierten Völker im Osten nicht nur zu entrechten, sondern auch auszulöschen, war zwar bereits in seinem Buch »Mein Kampf« festgehalten und klang auch bisweilen in Hetztiraden der nationalsozialistischen Propaganda an, wurde aber kaum wahrgenommen oder als leere Drohung abgetan – auch bei uns. Hätte uns damals jemand gesagt, wohin Hitler uns führen würde, so hätten wir nur gelacht, aber nie und nimmer für möglich gehalten, was da auf uns zukommen sollte.

Nach seiner Ernennung zum Reichskanzler mäßigte sich Hitler für eine Weile und gab sich staatsmännisch. Davon konnten wir uns überzeugen, wenn wir den Nachrichten lauschten. Aber interessanter als diese waren Unterhaltungs- und Musiksendungen, und so dauerte es nicht lange, bis auch Toni einen Rundfunkempfänger anschaffte. Für uns erschloss sich wirklich eine neue Welt – wir hatten Ablenkung, Vergnügen, Unterhaltung; alles Dinge, die es in unserem monotonen Dorfalltag bisher nicht gegeben hatte.

Auf der Höhe der Zeit

1935 wurde Kathi eingeschult. Ich weiß noch gut, wie sehr sie sich freute. Tage zuvor schon lief sie ständig mit ihrer Tasche durchs Haus und nervte uns mit ihren ewigen Fragen. Besonders Marie war vom Schuleifer ihrer Schwester nicht besonders angetan, weil Kathi nicht mehr mit ihr spielen wollte, sondern nur mehr Augen und Ohren für die Schule hatte und alles, was damit zusammenhing.

Unsere Schule war groß und modern, denn sie war nach der verheerenden Überschwemmung von 1907 völlig neu erbaut worden. Sie verfügte über acht geräumige Klassenzimmer, zwei Wohnungen für die Lehrer, einen Büroraum sowie ein kleines Gartenhaus im Hof, das dem Schuldiener zur Verfügung stand.

Kathi entpuppte sich als gute Schülerin. Sie lernte leicht und begriff schnell. Allerdings ließ ihr anfänglicher Eifer rasch nach, und gegen Ende ihres ersten Schuljahres musste ich sie geradezu zwingen, ein Schulbuch zur Hand zu nehmen oder ihre Aufgaben vollständig und sorgfältig zu erledigen – alles andere war für sie einfach wichtiger.

Als dann im Jahr darauf Marie zur Schule kam und sie nun jeden Tag gemeinsam den kurzen Weg zurücklegen konnten, machte es Kathi wieder mehr Spaß, weil sie jetzt der kleinen Schwester bei den Hausaufgaben helfen und sich wichtigmachen konnte. Obgleich dieser

Feuereifer wiederum nicht allzu lange währte, war Kathi immer eine gute Schülerin und hätte sicherlich die Möglichkeit gehabt, wäre nicht der Krieg dazwischengekommen, in Titel die Bürgerschule zu besuchen und später einen Beruf zu ergreifen, der ihren Fähigkeiten mehr entsprochen hätte als das, was sie aus der Not heraus zu tun gezwungen war.

Marie dagegen lernte schwer, saß oft stundenlang über ihren Büchern und quälte sich. Da sie trotzdem ehrgeizig war, machte ihr das sehr zu schaffen, zumal wenn ihre Schwester in kürzester Zeit mit den Aufgaben fertig war und den Stoff in Windeseile begriff, während sie Stunden dafür aufwenden musste. Besondere Schwierigkeiten bereitete es Marie, Serbisch zu lernen. Dabei schien es ihr immens wichtig, diese Sprache zu sprechen, denn sie träumte davon, einmal nach Belgrad zu ihrer Tante Mariana zu gehen, dort einen Beruf zu erlernen und wie ihre Tante schöne Kleider und modische Frisuren zu tragen. Tante Mariana war die Schwester von Toni und lebte mit ihrer Familie schon lange in Belgrad. Aber genau wie der Krieg Kathis Besuch einer weiterführenden Schule verhinderte, so zerschlug er Maries Träume von einem luxuriösen Leben in der Großstadt.

Maries Kummer mit der Schule wurde jedoch abgemildert durch einen neuen Hausgenossen, der wie aus heiterem Himmel plötzlich bei uns auftauchte: wir kamen auf den Hund.

Eines Morgens saß er vor unserer Haustür, ein kleines wuscheliges Bündel mit dunkelbraunem, halblangem Fell, kurzen Ohren und großen Kulleraugen, halbverhungert und halb erfroren. Niemand wusste, woher er kam, und so nahmen wir ihn auf. Er wurde richtig in die Familie integriert und durfte sogar im Haus schlafen. Toni war ursprünglich zwar dagegen, aber meine Mädchen bettelten so lange, bis ihr Vater schließlich nachgab – er konnte ihnen nie einen Wunsch abschlagen.

Wir nannten unseren neuen Hausgenossen nach meinem Lieblingspferd aus Kindertagen Jokl – das war meine Bedingung gewesen bei der Diskussion, ob wir den Hund behalten sollten oder nicht. Besonders Marie liebte ihn, und der kleine Kerl schlief ausnahmslos nur unter ihrem Bett, eingerollt auf einer alten Pferdedecke. Aber mit der Zeit wuchs Jokl uns allen ans Herz mit seinem gutmütigen Wesen. Er folgte jedem unserer Worte, sodass ich oft das Gefühl hatte, er könnte meine Gedanken lesen und wüsste, was ich von ihm erwartete, schon bevor ich es ausgesprochen hatte.

Wir verbrachten viele schöne Jahre mit ihm und wollten uns nie von ihm trennen, doch auch in dieser Hinsicht machte das Leben uns einen Strich durch die Rechnung.

Die Zeit bis zum Ende der dreißiger Jahre verlief in einem ständigen Auf und Ab, wie das Leben meist so spielt. Mal beschäftigten uns die Ereignisse der großen Politik, dann wieder interessierte uns nur, was vor der eigenen Haustür in unserem Dorf geschah.

Wie zum Beispiel die Geschichte mit dem Petroleumschiff: ich weiß nicht mehr genau, in welchem Jahr und welchem Monat es geschah. Ich erinnere mich jedoch genau, dass es früher Vormittag war und ich gerade zu den Klängen eines Walzers, der aus dem Radio ertönte, einen Brotteig knetete, als plötzlich die Tür aufgerissen wurde. Meine völlig aufgeregten Mädchen, mit einem Kübel und einer Kanne in der Hand, stürzten in die Küche und störten meine friedvolle Arbeit.

Ich drehte mich erschrocken um und sah sie fragend an.

»Mutter, komm schnell, wir müssen zur Theiß hinunter und das Petroleum abschöpfen«, riefen sie aufgeregt durcheinander.

»Was müssen wir?«, fragte ich mit zusammengezogenen Augenbrauen und leichtem Ärger in der Stimme. Es passte mir ganz und gar nicht, dass ich gestört wurde.

»Auf der Theiß ist ein Schiff verunglückt, und Unmengen von Petroleum sind ausgelaufen, und das schwimmt nun auf der Wasseroberfläche. Alle sagen, dass es sich ganz leicht abschöpfen lässt.«

»Was? Auf der Theiß schwimmt Petroleum? Hoffentlich macht das unseren Gänsen nichts, die sind sicher wieder unten am Fluss.« Meine erste Sorge galt meinen Tieren.

»Nun komm schon, wir müssen uns beeilen, sonst wird das Petroleum durch die Strömung weitergetrieben.«

»Woher um alles in der Welt wisst ihr denn das alles? Wart ihr unten an der Theiß?«

»Nein, wir waren nicht dort, aber alle Laute laufen hinunter zum Ufer. Schau mal hinaus! Onkel Johann hat uns geschickt, wir sollen dich schnell holen!«

Widerwillig legte ich alles beiseite, deckte den Teig mit einem Tuch ab und schaltete das Radio aus. Ich zog eine alte Schürze über und holte aus dem Stall noch einen zusätzlichen Kübel. Irgendwie konnte ich mir zwar nicht vorstellen, dass es stimmte, was Kathi und Marie mir da erzählten, aber neugierig war ich schon geworden.

Ich war nicht wenig erstaunt, als wir das Theißufer erreichten, denn so etwas hatte ich noch nie zu Gesicht bekommen. Von dem havarierten Schiff war bereits nichts mehr zu sehen. Doch da, wo es gesunken war, schwamm ein riesiger schwarzer Ölteppich auf der Wasseroberfläche und bewegte sich langsam mit der Strömung flussabwärts. Die Büsche, die das Ufer säumten, waren bedeckt von einer zähen, öligen, schwarzen Masse. Meine Mädchen hatten nicht übertrieben – buchstäblich das halbe Dorf war am Theißufer zusammengelaufen, und eifrig versuchten die Menschen, so viel wie möglich von dem Petroleum abzuschöpfen. Nicht wenige steckten bis über die Ellbogen in dem schmierigen Schlamm.

Die Leute taten das keineswegs, um eine Verschmutzung des Wassers zu verhindern, sondern um billig an Petroleum zu kommen. Nicht alle Häuser im Dorf hatten elektrisches Licht, und außerdem zündete man trotzdem gelegentlich die Petroleumlampe an. Also reihte auch ich mich ohne langes Nachdenken in das Gedränge am Ufer ein und tat es ihnen nach. Ich schöpfte vorsichtig mit einer kleinen Kanne das schwimmende Petroleum ab und leerte es dann in den von meinen Kindern bereitgehaltenen Kübel. Es herrschte ein ziemliches Gedränge und Durcheinander.

In dem Menschengewimmel liefen außerdem unzählige Gänse, deren Gefieder bereits verschmutzt war, aufgeregt schnatternd herum. Den ganzen Sommer über hielten sich die Gänse des Dorfes am Ufer der Theiß auf, wobei es immer wieder einmal vorkam, dass einige der Tiere über den Fluss schwammen und in Titel an Land gingen, wo sie von den Gemeindebediensteten eingefangen und eingesperrt wurden. Oftmals weigerten sie sich, die Tiere wieder herauszugeben, und es kostete uns immer viel Überredungskunst und ein kleines Bestechungsgeld, bis die Gänse wohlbehalten wieder bei uns waren.

In den Sommerferien kamen meine Neffen Franz und Albert, die Söhne von Theresa, immer für einige Wochen aus Belgrad zu Besuch. Sie machten sich geradezu einen Spaß daraus, den Gänsen ans andere Ufer nachzuschwimmen und sie dort heimlich zu befreien. Anschließend schwammen sie dann mit den Gänsen zurück auf unsere Seite der Theiß – erwischen lassen durften sie sich dabei allerdings nicht, denn die Beamten in Titel verzichteten nur ungern auf das Lösegeld, das wir meist für die Herausgabe der Gänse zahlen mussten.

Solche Erinnerungen schossen mir durch den Kopf, als ich an jenem Vormittag am Ufer der Theiß hockte und Petroleum schöpfte. Doch der Blick auf die verschmutzten Gänse rief mich in die Gegenwart zurück. Es war wichtiger, sich jetzt um sie zu kümmern, als weiter nach Petroleum zu fischen.

Ich rief meine Mädchen und sagte: »Kommt jetzt, wir haben genug Petroleum, wir brauchen ja kaum welches. Einen Kübel könnt ihr zu Tante Magdalena bringen, die wird sich ganz bestimmt freuen.«

»Ja, das machen wir, aber erst später. Jetzt bleiben wir noch hier, da ist wenigstens etwas los.«

»Unsinn, ihr helft mir jetzt, unsere Gänse zurückzutreiben.«

Kathi und Marie murrten zwar, aber sie gaben nach. Zwei unserer Gänse waren derart hoffnungslos verschmutzt, dass ich es vorzog, sie noch am gleichen Abend zu schlachten. Diejenigen, die das Ölbad überlebten, lernten nichts daraus. Vergeblich hoffte ich, sie würden in Zukunft die Theiß meiden, aber im Gegenteil. Unverdrossen schwammen sie zu unserem Ärger und zur Freude der Gemeindebeamten von Titel ans andere Ufer. Aber das war eine Bagatelle, verglichen mit den wirklichen Problemen.

Etwas anderes geschah zu jener Zeit, das uns aus unserer Zufriedenheit und unserem bescheidenen Wohlstand herauszureißen drohte. Es war in einer Winternacht, als Toni und ich von der Namenstagsfeier eines guten Bekannten nach Hause gekommen waren. Mein Mann hatte sehr viel getrunken. In der Nacht bekam er dann Krampfanfälle, schlug wild um sich und zitterte am ganzen Körper. Ich hatte keine Ahnung, was mit ihm vor sich ging. Nach wenigen Minuten war der Spuk zum Glück vorüber, und Toni war wieder völlig klar, klagte jedoch über heftige Kopfschmerzen.

Am Morgen darauf holten wir den Arzt, der einen epileptischen Anfall diagnostizierte und Tabletten verordnete. Außerdem wurde ihm der Genuss von Alkohol strengstens untersagt. Toni hielt sich etwa ein Jahr an diese Anordnung, doch nachdem sich in der Zwischenzeit kein neuerlicher Anfall eingestellt hatte, setzte er die Medikamente einfach ab und trank auch wieder. Allerdings habe ich nie mehr einen Anfall von ihm mitbekommen, nur später von einem gehört, der ihn dann wohl das Leben gekostet hat. Vorerst aber war die Gefahr gebannt, und unser Leben verlief noch eine Weile in den vertrauten Bahnen.

Alles in allem war unsere kleine Welt also relativ in Ordnung. Der Fortschritt hatte in unserem Dorf Einzug gehalten, und auch unsere Lebensqualität, wie man heute so schön sagt, hatte sich erheblich verbessert. Wir fühlten uns ganz auf der Höhe der Zeit und glaubten, nichts könnte mehr unser friedvolles, immer besser werdendes Leben stören.

Welch ein fataler Irrtum.

Die Schatten des Krieges

Mit der Zeit fielen dunkle Schatten auf unser ruhiges, beschauliches Leben. Beunruhigende Nachrichten drangen von draußen in unsere kleine Welt, und es konnte kaum noch ein Zweifel daran bestehen, dass der nächste Krieg vor der Tür stand.

Krieg! Wir waren nicht mehr so blauäugig wie 1914, als die Männer voller Begeisterung an die Front zogen, denn inzwischen waren wir ja per Rundfunk mit der Welt verbunden. Auch hatten wir bereits am eigenen Leib erfahren müssen, was Krieg bedeutete und welche Leiden er mit sich brachte.

Wir hatten Angst davor, was mit uns geschehen würde, zumal wir uns jetzt in einer prekären Situation befanden; nämlich als Deutschstämmige in einem Land, von dem man nicht wusste, auf welche Seite es sich in dem großen weltpolitischen Schlagabtausch, der soeben begann, stellen würde.

Eigentlich waren wir unpolitisch, zumindest die meisten von uns. Natürlich verfolgten wir, was seit 1933 in Deutschland vor sich ging, aber wir nahmen nur das an, was wir hören wollten, wie die Beschwörungen von Deutschtum und Volksgemeinschaft. Die schlimme Kehrseite sahen wir nicht oder wollten sie nicht sehen. Natürlich lauschten wir gebannt den Parolen von »heim ins Reich« und glaubten, dass Deutschland rechtmäßig handelte. Hatten nicht die Westmächte schließlich selbst der »Heimkehr« der Sudetendeutschen zugestimmt? Obwohl wir im Banat bislang völlig problemlos mit den anderen jugoslawischen Nationalitäten zusammengelebt hatten, wuchs zumindest in den größeren Orten die Zahl derer, die eine Eingliederung unseres Landes in das Deutsche Reich herbeisehnten.

Trotz aller politischen Aufgeregtheit schien der Krieg, der 1939 mit dem Angriff auf Polen begonnen hatte, zunächst nichts mit uns zu tun zu haben. Auch die Besetzung Dänemarks und Norwegens sowie der deutsche Westfeldzug, der mit dem Sieg über Frankreich endete, hatten keinen Einfluss auf unser Leben. Das änderte sich schlagartig, als auch der Balkan ins Visier Hitlers rückte und er sich die Kontrolle über die rumänischen Erdölfelder sicherte. Weil er zur Unterstützung seines glücklos in Griechenland operierenden italienischen Verbündeten Mussolini Truppen dorthin entsenden wollte, brauchte er von Jugoslawien eine Durchmarschgenehmigung. Als die Regierung in Belgrad diese verweigerte, befahl Hitler den Angriff. Am 6. April 1941 überzog die Luftwaffe Belgrad mit einem Bombenhagel. Der Krieg hatte uns eingeholt.

Auch bei uns fielen Bomben. Das war ein völlig neues Erlebnis für uns, denn im Ersten Weltkrieg hatten wir davon nichts mitbekommen. Ängstlich flüchteten wir uns bei Alarm in jene Häuser, die über stabile Keller verfügten. Rudolfsgnad selbst war in keiner Weise strategisch wichtig und von daher kein direktes Ziel der Bomber, aber ganz in der Nähe waren jugoslawische Stellungen an der Theißbrücke. Am 12. April waren dort heftige Kämpfe im Gang. Bereits seit dem Morgengrauen hörten wir das beängstigende Donnern der

Kanonen und machten uns große Sorgen. Von Norden her drangen deutsche Truppen vor und zwangen die jugoslawische Armee zum Rückzug, die vorher aber noch die Theißbrücke sprengte, was jedoch den Vormarsch der Deutschen nur geringfügig verzögerte. Am gleichen Tag wurde Belgrad eingenommen, und fünf Tage später kapitulierte Jugoslawien.

Wir waren erleichtert, denn der Krieg schien zu Ende, bevor unsere Männer eingezogen worden waren. Wir glaubten, noch einmal davongekommen zu sein, aber wie vieles andere sollte sich auch dies als trügerische Illusion herausstellen. Jugoslawien, dessen Staatsangehörigkeit wir bislang besessen hatten, existierte nicht mehr. Es wurde in Besatzungszonen aufgeteilt: Italien, Ungarn und Rumänien als treue Verbündete bekamen einen Teil, Kroatien wurde unter Führung der faschistischen Ustascha zum scheinselbstständigen Marionettenstaat, und das größte Gebiet mit Serbien behielten die Deutschen selbst.

Zu dieser Sonderzone gehörten wir, waren also ein Stück weit ins Reich geholt worden, aber nicht ganz. Obwohl deutschstämmig, erhielten wir nicht die deutsche Staatsangehörigkeit, denn diese wurde nur Familien zugestanden, deren Männer bereits in der deutschen Armee dienten. Bald aber sollten fast alle Volksdeutschen, wie das jetzt hieß, zu den Waffen gerufen werden.

Nach der Kapitulation der jugoslawischen Armee waren über dreihunderttausend Soldaten in Kriegsgefangenschaft gegangen, darunter auch deutschstämmige. Diese wurden bald freigelassen unter der Bedingung, sich der Waffen-SS anzuschließen, denn die Wehrmacht, die inzwischen an vielen Fronten in West und Ost stand, konnte zusätzliche Kräfte gut gebrauchen. Aus diesem Grund wurde im März 1942 eigens für Volksdeutsche die SS-Division Prinz Eugen gegründet, deren Mitglieder sich jedoch im Unterschied zu den normalen SS-Einheiten nicht freiwillig meldeten, sondern wie Wehrpflichtige eingezogen wurden. Diese Division operierte vor allem in den besetzten jugoslawischen Gebieten und war mit Sicherungsaufgaben und Partisanenbekämpfung betraut.

Nach Gründung der Division erging die Aufforderung an alle Männer, die zwischen 1892 und 1925 geboren waren, sich unverzüglich zum deutschen Militärdienst zu melden. Ende April musste mein Bruder Hans einrücken, und Anfang Mai war dann Toni an der Reihe. Was er als Mitglied der SS-Division erlebt hat, habe ich leider nie erfahren, aber es sollte ja auch nur zwei kurze Wiedersehen geben.

Ich begleitete meinen Mann zum Bahnhof. Es war ein wunderschöner, wolkenloser Maitag. Schweigend gingen wir den steinigen Weg in der frühen Morgensonne. Toni hatte nicht gewollt, dass Kathi und Marie mitkamen – das hätte ihm den Abschied noch schwerer gemacht.

Dann standen wir am Bahnsteig und sahen uns stumm an, irgendwie wusste keiner von uns so recht, was er sagen sollte. Erst als wir den Zug in der Ferne auftauchen sahen, überstürzten sich unsere Worte. Wir hatten plötzlich das Gefühl, noch so viel besprechen zu müssen, und doch blieb so vieles unausgesprochen. Wir umarmten uns und gaben uns einen flüchtigen Kuss auf die Wange. Wieder einmal wurde mir bewusst, dass es nicht die große Liebe war, die uns verband, aber da war zumindest ein tiefes Gefühl der Zusammengehörigkeit.

»Pass auf dich auf und spiel nicht den Helden. Versteck dich lieber, wenn es gefährlich wird«, sagte ich und versuchte, die angespannte Atmosphäre etwas zu lockern.

»Mach ich, versprochen, und du passt mir auf unsere Mädchen auf.«

Der Zug fuhr ein, die Türen öffneten sich. Auf dem Bahnsteig standen noch viele andere Paare, die sich verabschieden mussten. Es herrschte aufgeregtes Geschwätz und Unruhe. Alle waren nervös und traurig.

»Schreib mir, so oft du Gelegenheit dazu hast, hörst du?«, rief ich Toni noch nach.

»Ja, du auch!«, rief er zurück. Ich sah ihm mit tränenverschleierten Augen nach, als er den Wagen bestieg und die Tür sich hinter ihm schloss. Ich drehte mich erst um, als der Zug schon lange hinter der ersten Biegung verschwunden war. Langsam ging ich den Weg nach Hause zurück. Ich hatte plötzlich Angst, entsetzliche Angst vor dem, was auf uns zukommen würde. Ich fühlte mich so allein gelassen. Niemand war mehr da außer zwei halbwüchsigen Kindern und drei alten Leuten, die mir das Leben zudem nicht immer leicht machten. Wie sollte ich alleine durch diese unsichere Zeit kommen, noch dazu mit der Verantwortung für fünf Menschen, die sich alle auf mich verließen. Nur ich hatte niemanden, an den ich mich anlehnen konnte.

Zwischen den Fronten

Unsere anfängliche Freude über das vermeintlich rasche Kriegsende war schnell einer tiefen Ernüchterung gewichen. Unser Leben ging nicht weiter wie bisher, denn unsere Männer waren eingezogen worden, und wir Frauen standen ganz allein mit der Arbeit da. Hinzu kam, dass wir als Deutsche regelrecht zwischen die Fronten des Krieges gerieten, denn auf jugoslawischem Gebiet brach nach dem Ende der Kampfhandlungen der Widerstand keineswegs zusammen. Es formierte sich eine schlagkräftige Partisanenarmee, die unter Führung von Tito erfolgreiche Aktionen überall im Land gegen die Deutschen unternahm. Dadurch kam es zu einer Spirale der Gewalt – ein Schlag der Partisanen zog einen Gegenschlag der Wehrmacht oder SS nach sich und umgekehrt.

Auch wir erlebten immer wieder Partisanenüberfälle und litten sehr darunter. Wir sahen nur die Untaten dieser Menschen und wussten nicht, dass es auch zu Gräueln an gefangenen Partisanen seitens der Deutschen gekommen war. Im September 1941 hatte Hitler befohlen, für jeden im Partisanenkrieg gefallenen oder verwundeten deutschen Soldaten fünfzig bis hundert Geiseln zu erschießen. Schon kurz darauf fielen Zehntausende Serben einer solchen Massenerschießung zum Opfer. Natürlich rächten sich die Widerstandskämpfer bitter – nicht nur an deutschen Soldaten, sondern auch an den seit Jahrhunderten im Land ansässigen Deutschen, und zwar nicht nur an denjenigen, die eifrige Parteigänger der Nationalsozialisten waren.

Heute sieht man das anders, differenzierter, aber damals fühlten wir uns unschuldig bedroht, durch die Partisanen gefährdet an Leib und Leben. Für uns waren die Deutschen die Beschützer, sofern es wirksamen Schutz überhaupt gab. Sie schienen uns der einzige Garant dafür, eines Tages wieder in Frieden in unserem Dorf weiterleben und unsere Felder bestellen zu können. Würden wir auch so gedacht haben, wenn wir von den furchtbaren Verbrechen der Deutschen gewusst hätten, von dem unsäglichen Leid, das sie über die Menschen in Europa gebracht haben? Wahrscheinlich nicht. Dass als Folge Adolf Hitlers Wahns und ihrer Vernichtungskriege auch wir alles verlieren sollten, ahnten wir damals nicht und hätten es auch kaum wahrhaben wollen. Wir würden unseren Irrtum noch teuer bezahlen müssen.

Es blieben uns etwas mehr als zwei Jahre in unserer Heimat. Zweimal noch Weihnachten, zwei Aussaaten, zwei Ernten. Wir versuchten, so gut es ging, unseren alltäglichen Arbeiten nachzugehen.

Im Januar 1943 kehrten von den eingezogenen Männern die ältesten und die jüngsten zurück – mein Mann und mein Bruder waren nicht darunter. Man hatte sie entlassen, um in den Ortschaften und Dörfern den so genannten volksdeutschen Heimatschutz zu verstärken, der zur Partisanenbekämpfung gegründet worden war. Bei uns auf dem Land bestand dessen Aufgabe darin, nicht nur strategisch wichtige Gebäude, sondern auch unsere Felder und die landwirtschaftlichen

Maschinen zu bewachen. Für uns war die Ernte überlebenswichtig. Andererseits war sie ein attraktives Objekt für eine Untergrundarmee, die sich auch irgendwie versorgen musste.

Außerdem patrouillierten die Männer des Heimatschutzes Tag und Nacht zu je zwölf Mann im Dorf, um das Eindringen der Partisanen zu verhindern. Leider gelang es nicht immer, und dann waren besonders junge Mädchen und Frauen in großer Gefahr. Oft versteckten sie sich aus Angst, aufgegriffen, vergewaltigt oder verschleppt zu werden, tagelang in den umliegenden Weingärten, denn das dichte Laub der Rebstöcke bot einen relativ zuverlässigen Sichtschutz.

Kathi war zu diesem Zeitpunkt sechzehn und Marie fast fünfzehn Jahre alt. Ich hatte schreckliche Angst um meine Mädchen, ließ sie kaum noch aus dem Haus, und nicht nur ein Mal mussten auch sie sich in den Weingärten verstecken. Das Leben hatte für uns jegliche Qualität verloren. Wir waren für jeden Tag und jede Nacht dankbar, die ohne Vorkommnisse vorüberging.

Obwohl unsere Lage sehr unsicher war, wollte ich meine Feldarbeit nicht aufgeben. Ich war von der Vorstellung besessen, noch so viel Gemüse wie irgend möglich zu ernten, denn die Vorräte aus dem Garten waren ziemlich am Ende. Alle versuchten, mir dieses Vorhaben auszureden, aber ich ließ mich nicht davon abbringen. Unser kleines Feld, auf dem ich das Gemüse gepflanzt hatte, lag weit abseits des Dorfes, zwar keine zehn Kilometer entfernt wie unser großes Feld, aber eine gute halbe Stunde Fußmarsch war es schon.

Am Ortsrand traf ich auf die Patrouille des Heimatschutzes und hoffte insgeheim, zumindest einer der

Männer würde mich begleiten. Schüchtern trug ich meine Bitte vor. Sie sahen mich entgeistert an.

»Wo willst du hin?«, ergriff einer das Wort.

»Ich will nicht, ich muss. Ich habe Kartoffeln auf dem Feld, und die brauche ich. Wer weiß, wie lange wir noch hinauskönnen«, sagte ich trotzig.

»Was glaubst du eigentlich? Die Partisanen sind überall. Du wirst niemanden finden, der so dumm ist, ihnen wegen ein paar Kartoffeln direkt in die Arme zu laufen.«

Damit war für ihn die Sache beendet. Es blieb mir also nichts anderes übrig, als allein loszuziehen. Um nicht aufzufallen, hatte ich auf Pferd und Wagen verzichtet und nur eine kleine Handkarre für meine Kartoffeln und das Gemüse mitgenommen. Obwohl die Männer vom Heimatschutz mir nachschimpften, ging ich zunächst mutig los. Doch bei jedem Schritt, mit dem ich mich vom Dorf entfernte, wurde mir mulmiger zumute. Ich begann, an der Vernünftigkeit meines Entschlusses zu zweifeln. Waren Kartoffeln das wirklich wert? Unentwegt blickte ich nervös um mich, aber es schien alles ruhig zu sein, niemand begegnete mir.

Unbehelligt erreichte ich unser Feld, und irgendwie triumphierte ich – hatte ich doch nun die Bestätigung, dass ich Recht gehabt hatte und alle anderen unrecht. Meine Hochstimmung hielt jedoch nicht lange an, denn ich musste feststellen, dass unser Feld geplündert worden war. Keine einzige Kartoffel fand sich mehr, kein Salat, kein Kohlkopf. Ich kam mir plötzlich ziemlich dumm vor. Hatte ich etwa gedacht, die Partisanen würden ausgerechnet mein Feld verschonen? Tränen traten in meine Augen, weniger aus Kummer über die Plünderung als aus Zorn über meine Dummheit und darüber, dass ich mich lächerlich gemacht hatte.

Mit hängendem Kopf und leerem Wagen machte ich mich auf den Heimweg, als ich plötzlich in der Ferne eine Gruppe Reiter sah, die sich zu nähern schien. Waren das Partisanen? Mein Herz begann zu rasen, Angstschweiß trat mir auf die Stirn. Die Sonne brannte unerbittlich auf meine dicke Haarkrone. Ich nahm mein Tuch herunter und wünschte, ich könnte auch die Haare abnehmen. Noch war nicht zu erkennen, wer die Reiter waren, und ich versuchte mir einzureden, dass es vielleicht Leute vom Heimatschutz waren. Vorsichtshalber kauerte ich mich auf die Erde und versteckte mich, so gut es ging, hinter meinem kleinen Wagen. Ein anderes Versteck war auf dem flachen Ackerland weit und breit nicht in Sicht.

Ich weiß nicht, wie lange ich in dieser Stellung verharrte, aber irgendwann dachte ich, dass mich die Reiter, wenn sie in meine Richtung unterwegs waren, längst schon erreicht haben müssten. Zumindest hätte ich das Traben der Pferde hören müssen, doch obwohl ich angestrengt horchte, konnte ich keinen Laut vernehmen. Vorsichtig hob ich meinen Kopf und schielte über den Rand des Wagens. Nichts, keine Reiter weit und breit. Ich schob den Kopf etwas höher und blickte erst nach links, wo ich die Gruppe gesehen hatte, dann nach rechts – ich konnte nichts anderes ausmachen als endloses, flaches Land. Langsam drehte ich mich, nun mutig geworden, um, und stellte fest, dass ich ganz alleine war. Ich konnte mein Glück kaum fassen: sie waren weg, einfach weg. Ich stand auf, wischte mir die Erde von der Schürze, überzeugte mich nochmals davon, dass wirklich keine Gefahr drohte, und humpelte mit schmerzendem Knöchel eilig davon Richtung Dorf. Der Heimatschutz hielt noch immer Wache am Ortseingang und kam mir erschrocken entgegen.

»Was ist passiert?«, wollten sie wissen, während sie mich zu zweit stützten und nach Hause begleiteten.

»Eigentlich ist gar nichts passiert. Ich war nur hysterisch und hatte Angst vor ein paar fremden Reitern, und dann habe ich mich in so unbequemer Stellung hinter meinem Wagen versteckt, dass ich jetzt kaum noch auftreten kann.«

Tränen der Erleichterung und des Schmerzes rannen über meine Wangen. Ich konnte nichts dagegen tun.

Ich hatte meinen Töchtern nichts von meinem Vorhaben gesagt und wollte auch nicht, dass sie es nachträglich erfuhren. Also verabschiedete ich meine Begleiter, bevor unser Haus in Sichtweite kam, und versuchte ganz unauffällig nach drinnen zu gehen, aber die Mädchen merkten mir sofort an, dass irgendetwas geschehen sein musste.

»Was ist los, wo warst du denn? Wir haben dich gesucht?«, fragte Kathi mit einem ärgerlichen Ton in der Stimme.

»Ich bin doch da«, versuchte ich auszuweichen.

»Aber du kannst ja kaum gehen. Was hast du denn gemacht?« Marie kam auf mich zu und führte mich zu einem Stuhl.

Es blieb mir nichts anderes übrig, als ihnen die Wahrheit zu sagen und ihre Vorwürfe über mich ergehen zu lassen. Sie hatten ja Recht. Aber mein Ausflug hatte auch sein Gutes gehabt: Er mahnte meine Töchter in

Zukunft zu größerer Vorsicht, denn oft waren sie es, die die Partisanengefahr unterschätzten und meinten, es sei kein Problem, beispielsweise allein nach Titel zu gehen.

Bald würden wir uns Gefahren aussetzen müssen, an die niemand auch nur in seinen schlimmsten Träumen gedacht hatte.

Vorboten der Katastrophe

Anfang September 1944 kamen die ersten Flüchtlinge aus dem rumänischen Banat zu uns ins Dorf, denn Rumänien hatte die Seiten gewechselt und kämpfte nun an der Seite der Sowjetunion. Jetzt sahen wir mit eigenen Augen, was wir bis dahin nur gehört hatten. Der Traum vom Großdeutschen Reich war ausgeträumt.

An allen Fronten befanden sich die deutschen Armeen zu diesem Zeitpunkt längst auf dem Rückzug. In der Normandie hatte die lang erwartete Invasion der Alliierten stattgefunden, und Amerikaner und Engländer drangen von Westen in das Reichsgebiet vor. Im Osten und in Südosteuropa folgte den zurückweichenden Deutschen unaufhaltsam die Rote Armee, die schreckliche Rache nehmen würde für das, was deutsche Truppen zwei Jahre zuvor gerade auch der russischen Zivilbevölkerung angetan hatten. Zumindest waren schlimme Gerüchte im Umlauf, an deren Wahrheit nicht zu zweifeln war. Aus Angst, von den Russen überrollt zu werden, begannen die in den betroffenen Gebieten lebenden Deutschen zu überlegen, ob es nicht besser wäre, für eine Weile wegzugehen, bis sich die Situation wieder normalisiert hatte. So dachten die Menschen in Ostpreußen, in Schlesien und auch wir. Unsere rumänischen Landsleute hatten diesen Schritt bereits getan. Würden wir die Nächsten sein?

Eine Woche saßen sie bei uns im Dorf fest, weil kurzfristig die Grenzen nach Ungarn gesperrt waren, und so mussten sie, unter nicht gerade erfreulichen Bedingungen, bei uns ausharren. Es regnete unaufhörlich, sodass sich die Straßen in Schlammwüsten zu verwandeln begannen. Wir versuchten, die Flüchtlinge nach Möglichkeit in den Häusern des Dorfes unterzubringen, aber für alle war einfach zu wenig Platz vorhanden. Wir litten mit ihnen, aber obwohl wir wussten, dass die Rote Armee und Titos Partisanen bereits große Teile Serbiens kontrollierten, rechneten wir nicht wirklich damit, dass wir uns bald in einer ähnlichen Situation befinden würden. Wie viele andere klammerten wir uns an die inhaltsleeren Parolen der deutschen Propaganda, mit denen Hitler und seine Gefolgsleute immer noch eine Wende des Krieges und den Endsieg herbeizureden suchten. Dabei hinderten sie viele Menschen an einer rechtzeitigen Flucht, was vor allem in Ostpreußen zu einer Katastrophe führte.

Wir saßen in der Falle, quasi umzingelt von uns feindlich gesonnenen Armeen, und doch zögerten wir, unsere Heimat zu verlassen, das letzte Schlupfloch wahrzunehmen und uns auf den Weg in eine ungewisse Zukunft zu begeben. Davor hatten wir fast noch mehr Angst als vor den Russen und den Partisanen, und so endeten alle Diskussionen über eine mögliche Flucht damit, dass wir beschlossen, noch eine Weile abzuwarten.

Weg aus unserer Heimat, aus unseren Häusern, weg von unseren Tieren, weg von den Gräbern unserer Toten, weg von allem, was bisher unser Leben ausgemacht hatte. Der bloße Gedanke daran war schon unvorstellbar.

Aber trotz aller Durchhalteparolen mussten wir bald erkennen, dass es sinnlos war, noch länger zu bleiben. Inzwischen stand die Rote Armee kurz vor Belgrad, und so machten wir uns schweren Herzens daran, Vorkehrungen für eine Flucht zu treffen. Zumindest wollten wir für den Ernstfall gerüstet sein.

Alle Dorfbewohner wurden namentlich erfasst, Pferde und Wagen registriert; und diejenigen, die nicht über ein Fuhrwerk verfügten, wurden nach Titel zum Bahnhof gebracht, wo sie den Zug in Richtung Westen bestiegen – jetzt wirklich »heim ins Reich« fahrend, doch unter welch anderen Voraussetzungen. Zwar konnten sie weniger mitnehmen, als wir später auf unsere Wagen packten, aber es blieben ihnen dafür viele Entbehrungen der Flucht erspart. Oftmals habe ich mich später gefragt, warum wir nicht auch den Zug genommen hatten. Albert, Katharina und die Kinder dagegen gehörten zu denen, die auf diese Weise der Freiheit entgegenfuhren. Der Abschied von ihnen fiel mir unendlich schwer – ich hatte das Gefühl, das meiner Schwester gegebene Versprechen in diesem Moment zu brechen, denn ich entließ ihren Sohn aus meiner Obhut und wusste nicht, ob ich ihn jemals wiedersehen würde.

Ich ging zum Friedhof und kniete vor Annas Grab nieder. Ich erzählte ihr alles, was mich so sehr bedrückte, und bat sie um Verzeihung, falls es mir nicht mehr möglich sein sollte, mich um Ferdinand zu kümmern. Ich erzählte ihr, dass Katharina ihre Sache bestimmt gut machte und es dem Jungen an nichts fehlen würde. Dann ging ich noch zu den Gräbern meiner Eltern und Großeltern, um mich auch von ihnen zu verabschieden. Irgendwie verspürte ich in diesen Minuten auf dem Friedhof erstmals ein ganz eigentümliches Gefühl der Endgültigkeit, eine bange Ahnung, dass ich nie wieder hier stehen würde. Auf dem Rückweg schimpfte ich mich töricht und sentimental. Ich machte mir Mut und redete mir ein, dass noch immer ein Wunder geschehen könnte, das uns erlaubte, in unserer Heimat zu bleiben.

Doch das Wunder blieb aus. Anfang Oktober wurde die Telefonverbindung zu unserem Ort unterbrochen, und wir waren von der Außenwelt abgeschnitten. Eines Abends kamen neun bewaffnete junge Männer aus dem Nachbardorf zu uns in den Ort geritten, um uns zu warnen. Ihre Berichte waren es, die den Ausschlag gaben, zu fliehen, denn die Partisanen nahmen nun fürchterliche Rache für die Verbrechen, die die Deutschen in den Jahren der Besetzung an Serben verübt hatten. Entsetzen und Angst lag in den Stimmen der jungen Männer, als sie uns von unvorstellbaren Gräueltaten berichteten. Sie sprachen so schnell und aufgeregt, dass wir ihren Erzählungen nur mit Mühe folgen konnten. Einer ergriff das Wort:

»Ihr solltet das Dorf so schnell wie möglich verlassen. Ihr seid hier nicht mehr sicher. Die Dörfer werden alle überfallen, die Häuser geplündert und angezündet. Wir haben mit eigenen Augen gesehen, wie ganze Familien bei lebendigem Leib mit Stricken zusammengebunden und in die Theiß geworfen wurden. Oder wie sie einem jungen behinderten Mann mit einem Messer lange tiefe Schnitte auf dem Rücken beibrachten und dann die Wunden mit Salz einrieben. Die Schreie des armen Jungen werde ich nie vergessen.«

Er machte in seiner Schilderung eine Pause und wischte sich die Augen. Dann räusperte er sich und sprach mit heiserer Stimme weiter.

»Glaubt uns, ihr müsst gehen, solange ihr noch die Möglichkeit dazu habt. Der Krieg ist für Deutschland verloren. Macht euch auf und geht nach Westen, so weit ihr könnt und am besten noch heute.«

Ein anderer fügte hinzu: »Die Serben nehmen keine Rücksicht darauf, ob ihr den Krieg gewollt habt und ob ihr Nazis seid – ihr seid Deutsche, und alle Deutschen sind für sie Verbrecher.« Wir waren schockiert und konnten oder wollten das Gehörte doch nicht glauben, aber schon am nächsten Tag sahen wir es mit eigenen Augen: Leblose Menschenbündel trieben auf der Theiß flussabwärts. Jetzt war es Realität geworden, dass vor allem uns die Rache der Serben traf. Warum das so war, erfuhren wir erst später. Damals konnten wir es einfach nicht verstehen, vielleicht auch, weil wir lange keine Ahnung hatten von dem, was in Deutschland und den besetzten Ländern passierte.

Eines war jedenfalls klar: Wenn wir nicht flohen, erwartete uns ein schreckliches Schicksal.

Der erste große Treck mit zweihundertzwanzig Wagen, dreihundertsechzig Pferden und etwa neunhundertfünfzig Personen machte sich am frühen Morgen des 3. Oktobers 1944 auf den Weg. Mit dabei waren meine Schwägerin Leni und ihre Töchter. Wieder einmal hatte ich das Gefühl, mein Leben würde ein einziges Abschiednehmen sein. Ich half ihnen beim Beladen ihres Wagens, und mit jedem Stück, das ich hinaufhob, wurde mein Herz schwerer.

Ich stand vor ihrem Haus und sah ihnen lange nach. Schweigend gingen sie hinter ihrem Wagen her. Leni trug die kleine Friedlinde auf ihrem rechten Arm, und an ihre linke Hand klammerte sich krampfhaft meine ältere Nichte Ingrid. Sie sah nicht nach vorne, sie blickte zurück zu uns – zu mir, Kathi und Marie. Meine Mädchen winkten ihnen nach, bis sie ihrem Blick entschwunden waren.

Ich musste an Ingrid denken und trotz allem Elend für einen winzigen Augenblick lächeln. Ingrid hieß eigentlich Barbara. Sie war nach mir benannt, weil ich sie aus der Taufe gehoben hatte; aber meine hübsche, eigenwillige Nichte wollte nicht Barbara heißen und bestand darauf, nur Ingrid gerufen zu werden. Sie setzte sich durch, und fast hatte ich schon vergessen, dass sie offiziell Barbara hieß.

In allen Häusern wurden jetzt Vorbereitungen getroffen. Wir versuchten, so viel wie eben möglich mitzunehmen. In erster Linie natürlich Lebensmittel und die allerwichtigsten Gebrauchsgegenstände. Die Wagen waren allesamt so vollbepackt, dass kein Platz mehr für die Menschen blieb und diese zu Fuß neben ihren Gespannen gehen mussten.

Ich schob unseren Aufbruch immer wieder hinaus, zum einen, weil ich mit meinen Vorbereitungen noch nicht fertig war, zum anderen, weil ich nicht gehen wollte und immer noch, gegen alle Vernunft, auf ein Wunder hoffte. Ich weiß nicht, ob ich damals überhaupt eine Vorstellung davon hatte, wie ein solches Wunder hätte aussehen sollen.

Wir schlachteten einen Teil unserer Hühner und Gänse sowie zwei Schweine, brieten das Fleisch und schichteten es mit Fett in Töpfe, um es haltbar zu machen. Zum Glück war der Sommer zu Ende, es war bereits angenehm kühl und nicht mehr so heiß wie noch einige Wochen zuvor. Somit würden auch die Lebensmittel wesentlich länger halten, und wir konnten eine Menge mitnehmen.

Wir packten und packten. Wir türmten auf unseren Wagen alles auf, von dem wir glaubten, dass es für unser Überleben wichtig sein könnte, und alles, an dem wir mit ganzem Herzen hingen und was uns an unser Zuhause erinnern sollte. Von großer Wichtigkeit waren natürlich unsere Papiere. Ich bemühte mich, nichts zu vergessen, und verstaute sämtliche Geburtsurkunden, Taufscheine, Heiratsurkunden, die Familienfotos der letzten Jahre und vieles mehr in einer Tasche, die ich ständig bei mir trug.

Noch immer hofften wir, dass wir uns nur ein paar Wochen vor den Russen und den Partisanen in Sicherheit bringen mussten. War der Krieg erst vorbei, dann konnten wir bestimmt zurück nach Hause – das redeten wir uns unablässig ein. Nur ganz tief in meinem Innersten fühlte ich bisweilen, dass es für immer war, wenngleich ich solche Gedanken nicht wirklich an mich heranließ. Seit Annas Tod war mir nicht mehr so schwer ums Herz gewesen, wie in diesen Tagen des Aufbruchs.

Meine Töchter halfen still und traurig beim Packen, folgten stumm und widerspruchslos meinen Anweisungen. Kathi schickte ich zu Onkel Johann und Tante Magdalena, damit sie ihnen helfen konnte, denn die beiden alten Leute waren völlig überfordert mit der Situation und wussten nicht, was sie mitnehmen sollten und was nicht. Alles, was Kathi einpackte, packte der Onkel wieder aus und sorgte so für ein totales Chaos. Tante Magdalena weinte hysterisch und hatte nur Sorgen, dass sie ihr Hab und Gut verlieren und ihr Haus geplündert würde. Am liebsten wäre sie geblieben.

Am 9. Oktober war es so weit. Es gab kein Zurück mehr und keine Ausreden, noch länger zu bleiben. Es war beschlossene Sache, dass der letzte Treck an diesem Tag unser Dorf verließ, und wollten wir nicht zurückbleiben, mussten wir uns ihm anschließen.

Unser Wagen war fertig beladen. Er war, wie schon in meiner Kindheit üblich, mit einer Plane überspannt, die unsere Habseligkeiten vor Wind und Wetter schützte. Wir schirrten unsere beiden Pferde an, die die allgemeine Nervosität zu spüren schienen. Die beiden Kühe, die wir zu dieser Zeit im Stall hatten, nahmen wir mit, banden sie am Wagen fest und hofften, dass sie mitlaufen würden. Unsere restlichen fünf Schweine mussten wir schweren Herzens zurücklassen. Wir öffneten ihre Ställe und ließen sie frei, damit sie nicht dem Hungertod ausgesetzt waren. Die Tiere spürten die Unruhe, liefen aus dem Hof auf die Straße und schrien. Sie wussten mit der ungewohnten Freiheit nichts anzufangen.

Oma Gretl war sechsundsiebzig Jahre alt, für die damalige Zeit ein hohes Alter. Als wir den Wagen packten, hatten wir nicht daran gedacht, dass sie nicht mehr laufen konnte, zumal sie seit einiger Zeit Probleme mit den Kniegelenken hatte. Da uns nichts anderes übrig blieb, als irgendein Plätzchen für sie auf dem Wagen zu schaffen, mussten wir einiges wieder abladen.

Das gleiche Problem hatten Onkel Johann und Tante Magdalena. Sie waren ebenfalls zu alt, um einem anstrengenden Fußmarsch gewachsen zu sein, und mussten darauf achten, dass sie nicht zu viel Hausrat und Gepäck aufluden. Der Tante tat es in der Seele weh, als sie so manches Stück wieder ins Haus zurückbringen musste.

Unserem Treck schloss sich auch meine Stiefmutter Hannah an. Sie war schon am Vortag mit unserer Schwester zu uns gekommen, um mit uns gemeinsam zu flüchten. Marga hatte drei Tage zuvor ihr erstes Kind, ein kleines Mädchen, zur Welt gebracht. Ich sehe sie heute noch vor mir, wie sie auf dem Wagen saß, das Baby auf dem Arm hielt und weinte.

Die Stunde des Abschieds

Der 9. Oktober war ein kühler, trockener Tag. Die Sonne versteckte sich hinter einer dicken Wolkendecke, nur ab und zu blinzelten ein paar wärmende Strahlen in den frühen Morgen. Nach und nach trafen alle, die mitgehen wollten, auf der Hauptstraße des Dorfes ein. Unser Treckführer hieß Andres. Wir waren froh und dankbar, dass er sich für diese Aufgabe angeboten hatte, denn er war umsichtig und besonnen und würde seine Sache sicher gut machen. Im Vergleich zu den ersten Trecks war unserer klein, umfasste nur neun Wagen, aber wir waren schließlich der letzte Rest, der Rudolfsgnad verließ. Gegen neun Uhr Früh setzten sich die Wagen langsam in Richtung Theißbrücke, die erst seit kurzem wiederaufgebaut war, in Bewegung.

Meine arme Kathi weinte schrecklich, denn ihr fiel der Abschied von zu Hause offensichtlich am schwersten, zumindest zeigte sie es am deutlichsten. Es gelang mir kaum, sie zu beruhigen. Marie dagegen war still, kein Wort kam über ihre Lippen, aber ich wusste auch so, wie ihr ums Herz war. Tief zog sie den Kopf zwischen ihre Schultern, und auch wenn sie es verbergen wollte, merkte ich, dass sie leise weinte.

Neben ihr lief Jokl, unser kleiner Hund, den wir mitgenommen hatten. Eigentlich wollte ich ihn zur Bewachung des Hauses zurücklassen, aber er ließ sich nicht davon abhalten, mitzukommen. Wie Marie hielt er den

Kopf gesenkt, man hätte meinen können, er verstünde, was vor sich ging. Sogar einige unserer Gänse liefen ein Stück schnatternd hinter dem Wagen her, ehe sie sich abwendeten und zurückwatschelten.

Nachdem wir die Theißbrücke passiert hatten, errichteten wir in Titel ein Lager auf einem Feld, stellten unsere Wagen im Kreis auf und ließen die Kühe in der Mitte grasen. Immerhin waren wir jetzt auf dem westlichen Ufer und wollten hier eine Weile abwarten, wie sich die Dinge entwickelten. Einige von uns, darunter auch ich, gingen jeden Tag zurück in unser Dorf, um weitere Lebensmittel oder anderes zu holen. Meine Töchter nahm ich nie mit, das war mir einfach zu gefährlich. Jokl dagegen begleitete mich jedes Mal und ging ohne Zögern immer wieder mit mir zurück. Bisweilen traf ich auf versprengte deutsche Soldaten, die nach Essbarem suchten. Einmal führte ich ein längeres Gespräch mit einem von ihnen. Er war kaum älter als zwanzig Jahre. Verzweiflung und Hoffnungslosigkeit lagen in seinem Blick. Er riet uns, so schnell wie möglich das Weite zu suchen. Der Krieg wäre für Deutschland verloren, sagte er, das sei so sicher wie das Amen in der Kirche. Von dieser Seite könnten wir keine Hilfe mehr erwarten.

Als ich das letzte Mal zu Hause war und unser Haus betrat, herrschte Unordnung, alles war zerwühlt und durcheinander. Ganz offensichtlich waren hier Plünderer am Werk gewesen – ob zurückweichende Soldaten oder vordringende Partisanen, wer wusste das schon. Noch einmal ging ich durch die Räume und dachte zurück an die schönen wie die schweren Stunden, die ich in diesem Hause verlebt hatte. Die Jahre zogen im

Zeitraffer an mir vorbei. Ich gab mir einen Ruck und lief schnell hinaus. Im Hof saßen unsere Schweine vor ihren geöffneten Ställen und sahen mich an. Ich fütterte sie zum letzten Mal, dann wandte ich mich ab. Bevor ich den Garten verließ, bückte ich mich, nahm eine Handvoll Erde und schob sie in meine Tasche. Mich überkam ein Gefühl von Endgültigkeit.

Es war am 13. Oktober um sechs Uhr Früh. Wir lagen auf der Erde, eingewickelt in Decken, als uns ein lauter Knall aus unserem leichten Dämmerschlaf riss. Sofort waren wir hellwach und rätselten, was passiert war, als wir unseren Treckführer aus Richtung Theißbrücke angelaufen kommen sahen. Aufgeregt und völlig außer Atem berichtete er uns die Neuigkeiten – es waren keine guten.

»Schnell, packt alles zusammen. Wir müssen weg von hier. Ich war drüben im Dorf, die Deutschen sind dort!«

»Aber warum müssen wir denn weg, wenn es Deutsche sind«, wurde er von einer Frau unterbrochen.

»Die Deutschen haben unseren Kirchturm in die Luft gesprengt, und dabei ist der Pfarrer ums Leben gekommen, ich habe es selbst gesehen. Er wollte gerade vom Pfarrhaus zur Schule gehen, als er von herabfallenden Trümmern getroffen wurde. Wäre er doch nur mit uns gekommen, der alte Sturschädel.«

»Warum um alles in der Welt sprengen die Deutschen unseren Kirchturm?«

»Die Bolschewiken sind ihnen auf den Fersen, und sie wollten ihnen natürlich keinen Aussichtsturm für ihre Artilleriestellungen hinterlassen.«

Aufgeregt begannen wir, alles für eine schnelle Weiterfahrt vorzubereiten. Aber es brauchte doch seine Zeit, bis wir endlich abmarschbereit waren.

Gerade hatten wir uns wieder in Bewegung gesetzt, als wir einen neuerlichen, ohrenbetäubenden Lärm vernahmen. Wir blickten zurück und konnten sehen, dass unsere Brücke in die Luft geflogen war. Die Deutschen hatten sich über die Theiß abgesetzt und dann die Brücke in die Luft gejagt, um so ihre Verfolger für eine Weile zumindest abzuschütteln. Unwillkürlich kam mir in den Sinn, dass Soldaten und Armeen überall auf der Welt letztlich gleich waren und ähnlich handelten. 1941, als die Deutschen anrückten, hatten jugoslawische Truppen die Brücke gesprengt. Ob man etwas gut oder schlecht fand, war ganz offensichtlich nur eine Frage der Perspektive.

Von nun an war uns der Rückweg nach Hause versperrt. Aber zumindest waren wir auf dem westlichen Ufer. Für jene dagegen, die noch länger gezögert hatten, war der Weg in die Freiheit ein für allemal versperrt. Wir zogen einer ungewissen Zukunft entgegen. Mein Mann war nicht da. Ich wusste nicht einmal, wo er sich befand und ob er überhaupt noch am Leben war. Hatte er überhaupt mitbekommen, dass wir fliehen mussten? Oder glaubte er noch, in unserer Gegend sei alles in Ordnung? Würde er vielleicht, sobald der Krieg zu Ende war, halbverhungert, verwundet und krank nach Hause kommen, aber voller Hoffnung und glücklich, alles überlebt zu haben? Er würde sich freuen auf sein Zuhause, seine Familie und dann nichts vorfinden als ein völlig verwüstetes, leeres Dorf, in dem kein warmes Zimmer und kein gutes Essen auf ihn wartete.

Diese und andere Gedanken schossen mir durch den Kopf, als wir Titel hinter uns ließen. Wir wussten nicht, wohin wir gehen sollten – wichtig war nur die Richtung, der Westen, und wichtig war auch, dass wir uns beeilten, um nicht von vorrückenden Russen eingeholt zu werden.

Die Pferde, die noch kräftig waren, zogen brav unseren schweren Wagen. Links und rechts davon trieben wir mit einem Stock die Kühe an, die sich nicht an diese Art der Fortbewegung gewöhnen wollten. Meine Töchter weinten erneut, als wir nun auch das vertraute Städtchen verlassen mussten. Vor allem aber vergossen sie bittere Tränen, weil sich unser Jokl durch nichts und niemanden hatte dazu bewegen lassen, mit uns weiterzuziehen. Er blieb einfach auf dem Feld, wo wir gelagert hatten, sitzen. Ich weiß nicht, was in dem Tier vorging. Jedenfalls war unser Kummer groß, und nie wieder würde ich ein Tier Jokl nennen, denn dieser Name war künftig für mich untrennbar verbunden mit Trauer und Abschiednehmen.

Weg ohne Wiederkehr

Die Orte, durch die wir zogen, waren oftmals bereits verlassen. Sieben Tage lang lagerten wir in einem kleinen Dorf, um wieder zu Kräften zu kommen und den Pferden eine Verschnaufpause zu gönnen. Wie bei uns zu Hause sahen wir Hühner, Gänse und Schweine herrenlos durch die Straßen laufen. In den Wohnungen waren noch Lebensmittel, doch obwohl unseren Vorräten eine Aufstockung nicht geschadet hätte, wagten wir nicht, diese anzugreifen. Genau wie wir würden auch die Bewohner dieses Dorfes darauf vertrauen, bei ihrer Rückkehr alles unbeschadet vorzufinden. Genau wie wir waren sie sicher davon überzeugt, dass ihre Flucht nur eine vorübergehende war – ganz egal, wer den Krieg gewinnen würde. Hier war ihre Heimat, hier waren ihre Häuser, die sie erbaut hatten, hier gehörten sie hin.

Wieder trafen wir auf versprengte deutsche Soldaten – offensichtlich konnte von einem geordneten Rückzug keine Rede mehr sein. Sie taten uns leid, denn sie hatten gar nichts mehr. Wir versorgten sie mit Essen, auch einmal mit einer Decke oder warmen Sachen. Die Soldaten hatten jede Illusion verloren, und sie mussten es schließlich am besten wissen. Sie drängten uns, so schnell wie möglich in Richtung Westen weiterzuziehen. Die Russen rückten unaufhörlich näher, warnten sie.

Ein älterer Mann, der unendlich müde wirkte, setzte sich ein wenig zu uns. Er sagte, dass er von Anbeginn gewusst hatte, dass der Krieg nicht zu gewinnen wäre. Wir wollten wissen, warum.

»Das steht alles in unseren Händen«, war seine knappe Antwort.

Wir belächelten ihn und fragten weiter.

»Was steht denn noch in unseren Händen, wann können wir wieder nach Hause?«, wollte Onkel Johann wissen und machte eine abfällige Geste.

»Gib mal her und lass mich sehen.« Der Soldat griff nach Onkel Johanns Hand.

»Nein, lass den Quatsch, das ist doch Unsinn. Kein Mensch kann in die Zukunft sehen.« Grob zog Onkel Johann seine Hand zurück und steckte sie in seine Hosentasche, gerade so, als hätte er Angst davor, der Fremde könnte etwas sagen, das er eigentlich gar nicht hören wollte.

Neugierig scharten sich nun alle um ihn, und jeder wollte wissen, was die Zukunft bringen würde. Ich setzte mich etwas abseits auf die kalte Erde und wickelte eine Decke um meine Füße, denn mein Knöchel schmerzte an diesem Tag besonders. Ich beobachtete das eifrige Treiben rund um unseren Handleser und sah, dass auch Marie in der Schlange stand und wartete. Ich stand verärgert auf und ging zu ihr hinüber.

»Marie, was soll das, komm sofort da weg.« Ich zerrte sie am Arm, denn ich wollte nicht, dass sie sich durch irgendeinen Blödsinn verunsichern ließ und mir dann womöglich tagelang damit in den Ohren lag.

»Lass dir bloß keinen Floh ins Ohr setzen, der weiß

auch nicht mehr als wir. Jetzt komm endlich hier weg. Kathi ist nicht so dumm, die stellt sich nicht an.«

»Weil sie feige ist und sich nicht traut«, gab Marie schnippisch zur Antwort, riss sich los und reihte sich erneut in die Schlange ein.

Verärgert ging ich zurück auf meinen Platz und massierte meinen Knöchel – wusste ich doch, dass es keinen Sinn hatte, Marie von etwas abzubringen, das sie sich fest in den Kopf gesetzt hatte.

Als sie an der Reihe war, kam auch Kathi neugierig näher und beobachtete ihre Schwester, die sich jetzt neben den Soldaten setzte, der mit seinen wasserblauen Augen, dem schütteren Haar und dem runden Gesicht keineswegs wie ein Hellseher aussah. Warum gingen unsere Leute nur alle zu ihm? Vermutlich weil sie begierig darauf waren, etwas Tröstliches zu hören. Irgendwie packte auch mich jetzt die Neugierde, und ich rückte ein Stück näher heran, damit ich hören konnte, was er meiner Tochter sagte.

»Gib mir deine linke Hand. Wie heißt du?«, sagte der Soldat etwas gelangweilt. Offenbar hatte er schon genug von der Wahrsagerei und hätte sich sicher lieber etwas hingelegt.

Er hielt Maries Hand in der seinen und betrachtete lange und genau die Linien darin.

Marie wurde leicht ungeduldig: »Na, was sehen sie?«

»So warte doch, so schnell geht das nicht. Du willst doch nicht, dass ich dir etwas Falsches sage, oder?«

»Nein«, antwortete Marie kleinlaut und wartete geduldig.

Er erzählte ihr das Übliche, wie allen anderen jungen

Mädchen auch, von Heirat, Kindern und so weiter. Bei Marie fügte er noch hinzu, dass sie im Alter von siebenundzwanzig Jahren einen Unfall haben und dabei viel Blut verlieren würde.

So ein Quatsch, dachte ich mir, wie bringe ich das nur wieder aus Maries Kopf heraus.

Er streichelte ihre Handfläche und sagte dann zu allem Überfluss. »Du wirst keine zweiundfünfzig Jahre alt.«

Aber meine Tochter ging darauf gar nicht ein, denn es schien sie nicht zu interessieren. Zweiundfünfzig hörte sich schrecklich alt an, wenn man gerade fünfzehn war.

»Und – können wir wieder nach Hause zurück?« Diese Frage hatte Vorrang an diesem Tag und sonst nichts.

»Nein.« Mehr sagte er nicht dazu. Er stand auf, ging zu seinen Kameraden, und die Handlesestunde war beendet.

Marie kam zu mir, setzte sich neben mich auf die Erde und wollte mir alles erzählen.

»Marie, hör auf mit dem Unsinn«, unterbrach ich sie ärgerlich. »Ich habe gehört, was er gesagt hat, verschon mich bitte damit. Ich hoffe doch, du glaubst das nicht.«

»Er hat gesagt, wir könnten nie wieder nach Hause zurück. Glaubst du das?«

»Marie, ich sage es dir nochmals, vergiss diesen Unsinn.«

Kathi schüttelte zwar ebenfalls den Kopf, aber ich merkte ihr an, dass sie zweifelte und nicht ganz sicher war, ob nicht doch etwas Wahres daran sein könnte.

Am Morgen des siebten Tages brachen wir wieder auf. Die Stimmung war mehr als trüb, denn die Gespräche mit den Soldaten hatten uns endgültig klargemacht, dass es für uns nur noch eine Richtung gab, dass es vielleicht für immer vorbei war mit Rudolfsgnad und mit unserem Leben im Banat.

Neben dieser deprimierenden Erkenntnis machten mir ganz banale Sachen zu schaffen, wie die Betreuung der drei älteren Leute. Vor allem meine Schwiegermutter wurde immer mehr zum Problem. Sie war fast völlig taub, bestand aber darauf, über alles informiert zu werden, und fühlte sich ausgeschlossen, wenn sie etwas nicht mitbekam.

Am schlimmsten empfand ich jedoch die Tatsache, dass der Treck nicht immer anhalten konnte, wenn einer der Alten oder Kranken, die sich auf den Wagen befanden, ein dringendes Bedürfnis verspürte. Zwar hatten wir vorsorglich Nachttöpfe mitgenommen, doch es war alles andere als einfach, diese auf den holprigen Straßen und den schaukelnden Wagen zu benutzen, zumal die Älteren ohnehin wacklig auf den Beinen waren. Zumeist landete mehr im Wagen als im Nachttopf, und bei jedem Halt musste die unschöne Bescherung entsorgt und der Wagen gesäubert werden. Das war für mich immer eine unangenehme Aufgabe, aber meinen Mädchen wollte ich das nicht zumuten. Schlimm war auch, wenn durch Pannen bei diesen Aktionen Lebensmittel im Wagen ungenießbar oder Erinnerungsstücke unbrauchbar wurden.

Besonders Oma Gretl war in dieser Hinsicht schwierig, vielleicht weil ihr Geist zunehmend verwirrte. Sie war sehr unglücklich, wollte nach Hause und verstand nicht wirklich, was außerhalb ihres Wagens vor sich ging. Ich weiß nicht, ob sie es mit Absicht tat oder in ihrer Verwirrung – jedenfalls kam es immer öfter vor, dass sie nicht ihren Nachttopf benutzte, selbst wenn dieser völlig sauber war. Einmal, als wir anhielten und ich ihren Topf entleeren wollte, wunderte ich mich und fragte sie nach dem Inhalt, ohne jedoch eine Antwort zu erhalten. Es roch allerdings verdächtig in ihrer Nähe, und als ich dem Geruch nachging, entdeckte ich die Bescherung. Der üble Duft kam aus unserer Kartoffelkiste. Oma Gretl hatte sie als Nachttopf zweckentfremdet. Ich konnte kaum an mich halten, doch ich riss mich zusammen und warf die Kiste vom Wagen in den Straßengraben, samt den restlichen Kartoffeln. Andere aus unserem Treck nahmen die Sache gelassener, versuchten mich zu beruhigen und befreiten die Kartoffeln von Omas Kot, um sie unseren Pferden zu fressen zu geben.

Leider war die Geschichte mit der Kartoffelkiste kein Einzelfall. Das nächste Mal benutzte sie unseren Mehleimer und dann Kathis Kleiderkiste. Die Kleider konnten wir waschen, aber um unser Mehl war es jammerschade, hatten wir es doch erst kurz zuvor gegen unseren gesamten Marmeladevorrat eingetauscht.

All dies zerrte enorm an meinen ohnehin blank liegenden Nerven, und ich war der Verzweiflung nahe. Mehr als einmal dachte ich, ich würde das alles nicht schaffen, aber irgendwie ging es weiter.

Auf unsicheren Straßen

Serbien war komplett von der Roten Armee und den Partisanen zurückerobert worden. Nach der Einnahme Belgrads am 20. Oktober bildete Tito in Absprache mit Moskau eine vorläufige Regierung. Was wir so sehr gefürchtet hatten, war eingetreten: In dem neuen jugoslawischen Staat war kein Platz mehr für die ehemaligen deutschstämmigen Bürger. Unterschiedslos der Kollaboration mit den Nationalsozialisten verdächtigt, wurden wir einen Monat später für rechtlos und vogelfrei erklärt. Jetzt waren wir endgültig froh, gerade noch rechtzeitig geflohen zu sein.

Aus Rudolfsgnad drangen später schreckliche Nachrichten an unsere Ohren. Dort wurde ein großes Internierungslager eingerichtet, in dem man alle im Land verbliebenen Deutschen zusammentrieb. Vor allem waren es Frauen, Kinder und ältere Menschen. Die jüngeren und gesünderen unter ihnen wurden teilweise nach Russland zur Zwangsarbeit verschleppt, und von den zurückgelassenen Kindern hat man meist nie wieder etwas gehört. Es kam zu Misshandlungen, Vergewaltigungen, und auch Erschießungen sind belegt. Die hauptsächliche Todesursache jedoch waren Hunger und Krankheiten wie Fleckfieber und Typhus.

Von den etwa dreißigtausend Menschen, die während des dreijährigen Bestehens im Lager interniert waren, starben mindestens zehntausend, vermutlich jedoch mehr. Sie hatten dort nichts als ein bisschen Stroh und ein paar alte Decken. Waschgelegenheiten und sanitäre Anlagen fehlten weitgehend, und so konnten sich Seuchen ungehindert ausbreiten. Auf einem Feld am Ortsrand liegen in einem Massengrab die meisten der Toten. Inzwischen wurde dieser Ort als Friedhof geweiht, und Gedenktafeln auf dem Dorffriedhof erinnern heute an das Lager und seine Opfer.

Das alles erfuhren wir natürlich erst im Laufe der Jahre, aber schon während der Flucht wurde uns zunehmend klar, dass wir einem schlimmen Schicksal entkommen waren.

Vorerst waren wir froh, in Ungarn und damit in relativer Sicherheit zu sein. Obwohl die ungarische Regierung angesichts der veränderten Lage eigentlich einen Waffenstillstand mit der Sowjetunion angestrebt hatte und die Rote Armee bereits von Osten ins Land eingedrungen war, beugte sie sich noch einmal dem massiven militärischen Druck der Deutschen und blieb weiter an der Seite des bisherigen Verbündeten, sodass wir ungehindert im Westen des Landes durchziehen konnten. Für uns war das ein Glücksfall.

Wir suchten uns einen geschützten Platz, stellten unsere Wagen auf und beschlossen, eine mehrtägige Rast einzulegen. Da unsere Lebensmittelvorräte langsam, aber sicher zur Neige gingen, schlachteten wir eine Kuh. Wir würden nun zwar weniger Milch zur Verfügung haben, aber andererseits stand der Winter vor der Tür, und wenn erst der Schnee das Land bedeckte, würde es ohnehin nicht leicht werden, Futter für die Tiere aufzutreiben. Wir würden dann genug damit zu tun haben, für die restlichen Tiere um Futter zu betteln.

Es war kalt, doch das Lagerfeuer, das wir entzündet hatten, verbreitete eine wohltuende Wärme. Wir brieten Fleischstücke am Spieß, und das knisternde Feuer sowie der Bratenduft vermittelten eine fast gemütliche Atmosphäre. Fast hätten wir vergessen können, wo wir waren und was rund um uns vor sich ging. Für den Moment genossen wir es einfach, uns wieder einmal richtig satt zu essen. Es war ein herrliches Gefühl.

Als wir wieder aufbrachen, wurden wir in Sopron, kurz vor der Grenze nach Österreich, angehalten und registriert. Wir mussten uns in langer Reihe anstellen, denn wir waren schließlich nicht die einzigen Flüchtlinge, die durch Ungarn zogen. Man befragte uns sehr ausführlich, und alles wurde in endlose Formulare eingetragen – woher wir kamen und wohin wir wollten. Auch sämtliche Daten unserer Angehörigen wurden notiert, ob sie an der Front waren, bei welchem Regiment sie dienten und wann wir sie zuletzt gesehen hatten. Diese Unterlagen wurden gesammelt und nach Wien übermittelt. Wir empfanden diesen Papierkrieg als ziemlich lästig und als unnötige Zeitverschwendung, aber er sollte später helfen, dass Angehörige und Familien wieder zueinander fanden.

An der Grenze angekommen, gab es den nächsten Aufenthalt und die nächste Schwierigkeit, denn man eröffnete uns, dass es nicht erlaubt sei, unsere Kühe mit nach Österreich zu nehmen. Wir redeten mit Engelszungen auf die Grenzer ein, damit sie uns die Tiere ließen, denn wir hatten zwei Babys im Treck, deren Mütter nicht genug Milch hatten. Aber alles Reden half nicht – die Beamten blieben unerbittlich, und wir mussten ohne unsere Kühe weiterziehen.

Wie sehr hatten wir uns gewünscht, endlich deutschen oder österreichischen Boden zu erreichen. Aber was wir hier sahen, war kein schöner Anblick: Die Straßen waren gesäumt von Tierkadavern, und ein unerträglicher Gestank stieg in unsere Nasen. Hier waren vor uns schon viele Trecks durchgezogen.

Außerdem wurde unser Weg immer beschwerlicher, denn langsam ging die Ebene in eine hügelige Landschaft über. Uns ausgelaugten, entkräfteten Flüchtlingen schien schon die kleinste Steigung zu viel. Auch den anderen in unserem Treck ging es nicht besser als mir – an ihren Gesichtern konnte man deutlich ablesen, wie ihnen zumute war. Onkel Johann und Tante Magdalena wurden immer stiller, sie sprachen kaum noch ein Wort, und ihren Augen sah ich immer öfter an, dass sie geweint hatten.

Ich trottete mechanisch die Straße entlang und versuchte, die Spuren von Tod und Elend nicht zu beachten. Ich dachte an meinen Mann, meinen Bruder oder an meinen Neffen Ferdinand und daran, wo sie jetzt wohl waren. Warum hatte ich in Sopron nicht nach ihnen gefragt? Vielleicht hätte man mir etwas über ihren Verbleib sagen können – zumindest wenn sie ebenfalls diese Route genommen hatten.

So in Gedanken versunken, vernahm ich plötzlich ein lautes Brummen, das sich schnell zu nähern schien. Ich blickte zum Himmel, und da entdeckte ich sie auch schon über uns. Tiefflieger. Es war das erste Mal, dass wir welche zu Gesicht bekamen, bislang waren uns ihre Angriffe erspart geblieben. Wir hatten nur gehört, dass sie manchmal wahllos in Trecks hineinschossen. Jetzt wusste ich auch, woher die vielen getrockneten

Blutlachen auf der Straße kamen, die ich so geflissentlich zu ignorieren versucht hatte.

Wir schienen Glück zu haben, denn die Flugzeuge brausten, ohne einen Schuss abzufeuern, über unsere Köpfe hinweg – ich hatte das Gefühl, der Abstand würde nur ein paar Meter betragen. Dann flogen sie eine Kehre und nahmen Kurs auf ein graues Fabrikgebäude, das wir in einigem Abstand auf der linken Seite erkennen konnten. Doch zu unserem Entsetzen kamen sie zurück. Noch heute sehe ich die grässlichen Schatten, die sie auf die Straße warfen, höre das ohrenbetäubende Geräusch der Motoren und die Stimme unseres Treckführers, als er schrie:

»Schnell, versteckt euch im Wald, legt euch flach auf die Erde und rührt euch nicht. Beeilt euch, sie sind schon wieder da!«

Alle liefen kreischend durcheinander und flüchteten unter das schützende Laub der Bäume am Straßenrand. Was sollte ich in dieser Situation mit den drei Älteren machen? Schnell vom Wagen herunter, das konnte ich mir abschminken. Onkel Johann und Tante Magdalena gaben ihr Bestes und flüchteten, so rasch ihre Füße sie trugen, zu den anderen in den schützenden Wald. Oma Gretl dagegen weigerte sich vehement, den Wagen zu verlassen, weil sie wohl meinte, unter der Plane am sichersten aufgehoben zu sein. In letzter Sekunde gelang es mir, sie herunterzuzerren und mich mit ihr in den Graben zu werfen, bevor um uns herum Maschinengewehrfeuer prasselte.

Gott sei Dank drehten die Tiefflieger bald ab und verschwanden so schnell wie sie gekommen waren. Wir waren letztlich zu unwichtig in dem ohnehin entschiedenen Krieg. Wir wagten uns auf die Straße zurück, um die Schäden in Augenschein zu nehmen. Zwei Pferde und einen Wagen hatte es erwischt. Ich fragte mich traurig, was diese beiden armen Tiere wohl noch mit dem Ausgang des Krieges zu tun haben konnten.

Wir versuchten, aus dem getroffenen Wagen zu retten, was noch zu retten war, und luden es um auf die anderen Wagen. Die Pferde ließen wir liegen – manche, die über weniger Lebensmittelreserven verfügten, hätten sie vermutlich als Fleischvorrat benutzt.

Der Schock saß uns tief in den Knochen, doch wir lernten daraus. Künftig versteckten wir uns tagsüber in Wäldern und zogen erst bei Anbruch der Dunkelheit weiter, wenn keine Tieffliegerangriffe mehr zu befürchten waren. In den großen Ebenen, wie wir sie von zu Hause oder auch aus Ungarn kannten, hätte es schlecht für uns ausgesehen, doch zum Glück waren wir dort nie Tieffliegern begegnet.

Auf diese Art und Weise, immer die Angst im Nacken, immer das Herannahen der Roten Armee fürchtend, ging unsere unfreiwillige Reise weiter: bei Regen, Sturm und Kälte, durch unwegsames Gelände, durch Wälder und über Berge. Bei Steigungen mussten wir die Wagen von hinten anschieben, denn auch bei unseren Pferden ließen die Kräfte nach. Es wurde Zeit, dass wir irgendwo ans Ziel kamen.

Vor allem der hereinbrechende Winter bereitete uns Sorgen. In unserer Heimat war es um diese Zeit meist noch mild gewesen, aber hier, viel weiter nördlich, begann es, bitter kalt zu werden. Wir konnten nicht mehr länger weiterziehen und auf unseren Wagen schlafen.

Wir brauchten ein festes Dach über dem Kopf und nicht nur eine dünne Plane.

Aber wohin sollten wir uns wenden. Vor uns waren schon viele und große Trecks durchgezogen. Die Orte waren bereits überfüllt, und in den Städten sah es noch schlechter aus, weil dort viele Gebäude durch den Bombenkrieg zerstört worden waren. Es gab keine organisierte Lenkung der Flüchtlingsströme – wie sollte es auch, denn schließlich schien nicht einmal die Wehrmacht zu einem geordneten Rückzug fähig. Jeder Treck war also auf sich selbst gestellt. Unser Anführer hatte irgendwie in Erfahrung gebracht, dass im tschechischen Jamnitz noch Platz für uns war, zumindest, um dort den Winter abzuwarten. Wir hatten ferner gehört, dort wären schon Landsleute von uns eingetroffen, und natürlich hofften wir alle darauf, unsere Verwandten und Freunde aus Rudolfsgnad wiederzufinden. Folglich stimmten wir dem Vorschlag freudig zu, hatten dabei jedoch nicht bedacht, dass wir erneut in ein von den Deutschen unrechtmäßig besetztes Land zogen, das so genannte Reichsprotektorat Böhmen und Mähren, und es nur eine Frage der Zeit sein würde, bis wir dort als unerwünschte Deutsche erneut gehen mussten.

Noch aber war Jamnitz fest in deutscher Hand, und alles war straff organisiert. Sogar der NS-Arbeitsdienst funktionierte nach wie vor, während ringsherum die Welt des Nationalsozialismus in Scherben lag.

Jamnitz war ein hübsches altes Städtchen, hoch über einem Fluss erbaut. Es gehörte zu Mähren und lag dicht an der Grenze zu Österreich. Es war eisig kalt, als wir dort ankamen, Schnee war gefallen, und der Wind pfiff durch die kahlen Bäume und die engen Gassen. Wir wurden im Turnsaal einer Schule untergebracht, die als Flüchtlingslager diente, und auch wenn es keine komfortable Unterkunft war, tat es gut, dass sich endlich jemand um uns kümmerte. Seit wir von zu Hause weg mussten, hatten wir kein warmes Zimmer mehr von innen gesehen, und nun wurde uns ein beheizter Raum zugewiesen, was ein Luxus in jenen letzten Kriegsmonaten war, nicht nur für Flüchtlinge. Ich zog meine übereinandergeschichteten Kleider aus, stellte mich vor den großen, glühend heißen Ofen und genoss dieses so lange entbehrte Gefühl sich ausbreitender Wärme in vollen Zügen.

Dann erhielten wir Strohsäcke, Decken und Polster, etwas Geld und Lebensmittel und, was das Allerbeste war, eine heiße Suppe mit einer Scheibe Schwarzbrot. Anschließend richteten wir uns, so gut es ging, häuslich ein und sanken bald in einen tiefen Schlaf – vor

Erschöpfung, aber auch vor Erleichterung, dass wir es bis hierher geschafft hatten, dass alle noch lebten und dass wir hier die Hilfe erhielten, auf die wir bisher vergeblich gehofft hatten.

Einmal mehr war es Oma Gretl, die Anlass zu Ärger gab, denn sie machte Nacht für Nacht ins Bett. Ich versuchte zwar immer, sie rechtzeitig zu wecken und zur Toilette zu bringen, aber entweder stand sie einfach nicht auf oder sie veranstaltete ein derartiges Theater, dass alle anderen wach wurden. Weil ich das auch nicht wollte, ließ ich sie manchmal einfach ins Bett machen. Irgendwie war es mir gleichgültig, obwohl der Strohsack nach kurzer Zeit erbärmlich stank.

Trotz allem Ärger tat Oma Gretl mir leid. Ich glaube, dass sie an einem Punkt angekommen war, an dem sie einfach alles mit sich geschehen ließ, ohne zu rebellieren. Mir selbst erging es nach den ersten Tagen in Jamnitz nicht besser, denn ich befand mich, nachdem das erste Gefühl der Erleichterung einer nüchternen Betrachtungsweise gewichen war, in einer Phase schwerer Depression und Gleichgültigkeit. Was sollte nur aus uns werden?

Meinen Mädchen blieb weniger Zeit, trüben Gedanken nachzuhängen. Sie wurden von NS-Organisationen in Beschlag genommen. Kathi musste sich zum Arbeitsdienst melden. Sie trug Uniform und war jetzt eine Arbeitsmaid, wie das hieß. Sie ging zwar nicht gerne hin, aber andererseits war sie froh, ein Taschengeld und regelmäßige warme Mahlzeiten zu bekommen. Manchmal brachte sie uns sogar etwas Essbares mit. Der Arbeitsdienst war Pflicht für Jungen sowie für Mädchen, und jetzt im Krieg wurden sie meist in Betrieben eingesetzt, deren reguläre Arbeitskräfte zum Kriegsdienst abgestellt waren. Im Reichsprotektorat lief die Rüstungsindustrie nach wie vor auf Hochtouren, und Kathi war bei einem Zulieferbetrieb eingesetzt.

Marie war für den Arbeitsdienst noch zu jung. Sie wurde in ein staatliches Lehrlingsheim im etwa vierzig Kilometer entfernten Iglau gesteckt, wo sie das Schneidern lernen sollte. Sie musste die ganze Woche über dort bleiben und durfte nur an den Wochenenden für einen Tag, manchmal auch für zwei, zu uns. Sie weinte bitterlich, denn noch nie war sie ohne uns gewesen, doch es half ihr alles nichts. Wenn sie uns besuchte, beklagte sie sich über die strenge Zucht, die dort herrschte.

Beim Essen mussten die Mädchen immer kerzengerade bei Tisch sitzen, und der Lieblingssatz der Heimleiterin lautete: »Der Löffel geht zum Mund und nicht der Mund zum Löffel.«

»Ich kann nicht kerzengerade bei Tisch sitzen«, jammerte Marie, »ich finde meinen Mund nicht, und außerdem kleckere ich mich bei dieser blöden Art zu essen ständig voll.«

Ich versuchte, sie zu beruhigen und redete ihr gut zu.

»Marie, du musst dich bemühen. Du wirst sehen, nach einiger Zeit wird es besser, und denk doch an das warme Essen, das du jeden Tag bekommst.«

»Gestern hat uns diese alte Zicke den Oberkörper an der Stuhllehne festgebunden, damit wir uns nicht vorbeugen konnten, und eine musste sogar aufhören zu essen und sofort zu Bett gehen, weil sie angeblich noch immer nicht gerade genug saß.«

»Es hilft doch nichts, Marie«, versuchte ich zu erklären, »wir müssen froh und dankbar sein, dass du dort eine Ausbildung machen kannst und versorgt wirst, sieh es doch einmal so.«

Aber zu allem Unglück war auch die Näherei nicht nach Maries Geschmack. Sie ließ kein bisschen Begabung erkennen, wurde ständig getadelt und musste alles immer wieder auftrennen.

»Niemals lerne ich nähen, ich kann das nicht, und ich will es auch nicht können.« Trotzig stampfte Marie mit einem Bein auf den Boden und verzog missmutig ihren hübschen Mund.

Trotzdem gelang es uns, Marie zu beruhigen und sie von der Notwendigkeit zu überzeugen, weiter in diese Ausbildungsstätte zu gehen.

Von Toni und meinem Bruder Hans hatten wir nach wie vor keine Nachricht, aber wie sollten wir auch. Schließlich hatten sie keine Ahnung, wo wir uns aufhielten – zumindest glaubten wir das zu diesem Zeitpunkt. Wir selbst hatten zwar an Toni geschrieben, wussten aber nicht, ob unsere Briefe ihn überhaupt erreicht hatten. Mittlerweile hatten wir Dezember, die Adventszeit begann, und wir fühlten uns so verloren ohne unsere Lieben.

Es kam das erste Weihnachtsfest fern unserer Heimat. Grau und trüb war der Tag, genauso grau und trüb, wie es auch in unseren Seelen aussah.

Am Vormittag waren Marie und Kathi hinausgegangen, um im nahe gelegenen kleinen Waldstück nach etwas Tannenreisig zu suchen. An einen Tannenbaum war nicht zu denken, aber das war nicht schlimm, denn zu Hause hatten wir auch nie einen Baum – das war in unserer Gegend wenig üblich. Allerdings sorgte ich stets dafür, dass zumindest ein großer Zweig im Haus war, der einen wunderbaren Tannenduft in unserer Küche verbreitete. Außerdem hatte ich vor Weihnachten immer in einem Glas Weizen angepflanzt und dieses auf die Fensterbank gestellt. Wenn der Weizen aufging, galt das als Zeichen für eine gute Ernte und ein langes Leben. In diesem Jahr in Jamnitz hatte ich natürlich keinen Weizen am Fenster stehen, aber wenn ich überlegte, wie viele liebe Menschen in den letzten Jahren sterben mussten, obwohl der Weizen Jahr für Jahr auf meiner Fensterbank wuchs, schien es nicht wichtig, diesen Brauch weiterhin zu pflegen.

Gewaltsam riss ich mich von meinen Erinnerungen los und konzentrierte mich auf meinen Kuchenteig. Es war mir nämlich gelungen, unter der Hand die nötigen Lebensmittel aufzutreiben, um einen Weihnachtszopf backen zu können.

Gegen Mittag kamen die Mädchen nach Hause. Sie hatten tatsächlich einen wunderschönen großen Tannenzweig gefunden. Eigentlich war er zu groß für unseren überfüllten Raum, aber er roch herrlich. Noch nie zuvor hatten wir diesen Duft an Weihnachten so intensiv wahrgenommen wie dieses Jahr. Marie bastelte aus einigen alten Haarschleifen, die sie von zu Hause mitgenommen hatte, einen bescheidenen Schmuck für unseren Zweig und drapierte ihn auf unserem kleinen Tisch. Er nahm den ganzen Platz in Anspruch, aber das spielte keine Rolle. Wir setzten uns rund herum auf Strohsäcke und Stühle und lauschten andächtig Onkel Johanns Rede. Er sprach lange und wehmütig von der Vergangenheit, und ich wünschte, er würde endlich aufhören und still sein. Ich wollte nicht mehr traurig sein, ich wollte endlich wieder etwas Fröhlichkeit in meinem Herzen spüren. Ich räusperte mich und versuchte, ihn zu unterbrechen, doch er fuhr unbeirrt fort. Irgendwann hörte er endlich auf, und nun durften wir uns genüsslich über unseren Kuchen hermachen.

Ein wenig Glücksgefühl kam aber dennoch auf, als ich meine kleinen bescheidenen Geschenke verteilte. Es war nicht viel, eigentlich gar nichts, was ich meinen Kindern schenken konnte, aber ich hatte Schokolade organisieren können, und meine Kinder liebten Schokolade. Ich hatte dafür ein Erinnerungsstück aus unserem Hausrat eintauschen müssen, doch das war es wert gewesen. Diese Schokolade, der Kuchen, der Weihnachtszweig und die Kerze auf dem Tisch waren mehr, als wir nach den Ereignissen der letzten Monate erwarten konnten.

Mit einem zuversichtlichen Gefühl gingen wir später gemeinsam und uns an den Händen haltend zur Mitternachtsmette in die Kirche.

Auf Nachricht von Toni mussten wir noch eine ganze Weile warten, aber dann gab es eine große Überraschung:

Es war an einem kalten Morgen Anfang Februar 1945. Kathi war im Arbeitsdienst, Marie in Iglau, und ich wollte mich soeben auf den Weg machen, um mir bei der Lagerverwaltung für Omas Bett ein Stück Kautschuk abzuholen, das ich dort beantragt hatte. Gerade wollte ich das schwere Tor öffnen, als mir jemand von außen zuvorkam.

Wie zur Salzsäule erstarrt blieb ich stehen und traute meinen Augen kaum. Draußen schien gleißend die Sonne auf die funkelnden Schneekristalle und blendete mich, aber es konnte kein Zweifel bestehen. Toni war da. Es war mein Mann, der hier und jetzt leibhaftig vor mir in der geöffneten Tür stand.

Er war mindestens genauso erschrocken wie ich, und für einen Augenblick starrten wir uns nur stumm an, bevor wir uns in die Arme fielen. Lange hielten wir uns ganz fest, ich glaube während unserer ganzen Ehe hatten wir uns noch nie so innig umarmt wie an diesem Wintermorgen im Schulhaus von Jamnitz. Plötzlich kullerten mir die Tränen über die Wangen.

Etwa ein halbes Jahr, bevor wir von zu Hause weg mussten, hatten wir zuletzt voneinander gehört. Es kam mir vor wie eine Ewigkeit, denn so viel war inzwischen geschehen, und nichts würde je wieder so sein wie früher. Meine Tränen wollten einfach nicht versiegen.

Alles Unglück der letzten Monate brach aus mir heraus, und ich fühlte eine Erleichterung, wie ich sie noch nie zuvor in meinem Leben verspürte hatte. Endlich musste ich nicht mehr die Starke sein, endlich war jemand da, mit dem ich meinen Kummer und meine Sorgen teilen konnte, auch die Belastungen durch meine Schwiegermutter. In diesem Moment glaubte ich, dass mein Mann bereits endgültig aus dem Krieg zurückgekehrt wäre, aber die deutsche Heeresleitung, vor allem Hitler als oberster Kriegsherr, dachten gar nicht daran, das Leben der Soldaten zu schonen. Sie wurden alle bis zur letzten Minute in einen völlig aussichtslosen Kampf und viele in den Tod geschickt.

Drei Tage durfte Toni mit uns in dem alten Schulhaus verbringen. Nur drei kurze Tage waren uns vergönnt, bevor er wieder zurück zu seinem Regiment musste. Er hatte wirklich unsere Briefe nie erhalten, aber auf vielen Umwegen über Banater Landsleute von unserem Verbleib erfahren.

Nachdem wir uns einigermaßen gefasst hatten, zogen wir uns in eine stille Ecke zurück, denn wir hatten uns so unendlich viel zu sagen.

»Ich kann noch immer nicht glauben, dass du wirklich hier bist, Toni. Es ist zu schön, um wahr zu sein. Wie lange wird der Krieg wohl noch dauern?«

»Sicher nicht mehr lange, Barbara. Dann beginnen wir ein neues Leben, irgendwo. Nach Hause können wir so schnell nicht, aber nach einer Weile wird sich alles beruhigen, und vielleicht können wir dann eines Tages wieder in unsere Heimat zurückkehren.«

»Ja, warum nicht? Den Ersten Weltkrieg haben wir doch auch verloren und durften bleiben, obwohl wir plötzlich nicht mehr zur Donaumonarchie gehörten. Warum sollte es jetzt anders werden?«

»Es wird sich alles finden, wenn dieser Wahnsinn endlich ein Ende hat. Aber nun erzähl mir lieber von Kathi und Marie. Ich kann es kaum erwarten, sie wiederzusehen.«

Toni und seine Mädchen – daran hatte sich nichts geändert. Welch ein Glück, dass Marie gerade heute für zwei Tage kommen durfte. Nicht nur Toni, auch ich konnte es kaum erwarten, die ungläubigen Augen der Mädchen zu sehen, wenn sie ihrem Vater so plötzlich und unerwartet gegenüberstanden. Ihre Freude musste unbeschreiblich sein.

Oma Gretl jedoch erkannte ihren Sohn nicht einmal. Sie war an diesem Tag völlig verwirrt, und es tat Toni sehr weh, seine Mutter so vorzufinden. Als er uns 1942 verlassen musste, war ihr Verstand noch völlig klar gewesen, aber vor allem die Ereignisse der letzten Monate hatten ihre Spuren hinterlassen.

Toni sah gut aus in seiner Uniform, wenngleich er schmaler und älter geworden und sein schwarzes Haar an den Schläfen leicht ergraut war. Wenn ich dagegen an mir hinabblickte, meine altmodische, zerschlissene Kleidung betrachtete, schämte ich mich ein wenig vor meinem Mann, denn im Grunde meiner Seele war ich eigentlich eitel. Auch war ich älter geworden, wie mir ein Blick in den Spiegel sagte, nur stand es mir wesentlich schlechter als Toni.

Es war endlich Abend geworden. Erfahrungsgemäß würde Kathi als Erste eintreffen. Toni war nervös, seine Hände waren schweißnass – er hatte seine Mädchen immerhin fast zwei Jahre nicht mehr gesehen. Nur einmal noch war er, nachdem man ihn eingezogen hatte, zu einem kurzen Besuch bei uns gewesen.

Endlich öffnete sich das Tor, und Kathi trat über die Schwelle. Sie wirkte zart und zerbrechlich in ihrem kurzen Mantel; ihr dunkles Haar sah aus wie weiß gepudert vom frischen Schnee, die Wangen waren von der Kälte leicht gerötet. Sie reagierte zunächst nicht oder nahm ihren Vater nicht wahr. Erst als ich mich räusperte und Toni am Ärmel ein Stück näher an mich heranzog, fiel ihr Blick auf ihn. Für einen endlos scheinenden Augenblick starrte sie ihn fassungslos an, bevor sie mit unnatürlich tiefer, völlig fremd klingender Stimme das Wort »Vater« herauspresste.

Sie schien nicht fähig, sich zu bewegen, stand wie angewurzelt in der noch immer offenen Tür. Kälte drang in den Flur, aber keiner von uns spürte es. Langsam ging Toni auf seine Tochter zu und schloss sie stumm in die Arme. Ich dachte schon, er würde sie nie wieder loslassen. Schließlich schob er sie ein Stück von sich, um sie genauer zu betrachten.

»Wie erwachsen du geworden bist, meine Große. Ich bin so froh, dass ich euch wiedersehen darf.«

»Und ich bin erst froh, dass du den Krieg heil überstanden hast. Bleibst du jetzt bei uns? Du musst doch nicht mehr zurück, oder?«

»Doch mein Kind, ich muss zurück, und zwar schon am Montagabend, aber es dauert sicher nicht mehr lange, und dann komme ich endgültig heim zu euch.«

»Aber wie wirst du uns finden? Wir sind dann bestimmt nicht mehr hier in Jamnitz, überall hört man, dass die Russen vielleicht bald hier sein könnten und wir dann weg müssen.«

»Ich habe euch doch auch jetzt gefunden, und ich finde euch bestimmt ein zweites Mal, du wirst schon sehen.«

Wir setzten uns alle drei eng aneinandergeschmiegt in eine Ecke, um auf Marie zu warten. Es würde sicher noch eine gute Stunde dauern, bis wir mit ihr rechnen konnten. Diesmal dauerte es sogar fast zwei Stunden, bis Marie eintraf. Wir gingen ihr entgegen, nachdem wir sie durch das Tor hatten treten sehen.

Als ihr Blick auf uns fiel, wurden ihre Augen riesengroß. Marie brauchte nur ein paar Sekunden, um zu realisieren, dass ihr Vater gekommen war, und rannte gleich auf ihn zu, um ungestüm die Arme um seinen Hals zu schlingen.

»Marie, meine Marie, wie sehr habe ich dich vermisst. Lass dich anschauen, mein Liebling.«

»Vater, wo kommst du denn so plötzlich her? Kannst du bei uns bleiben?«

»Nein Marie, leider nicht. Aber noch bin ich da, und an morgen wollen wir vorerst nicht denken.«

Die kommenden Tage waren wunderschön, fast hätten wir vergessen können, dass wir fern unserer Heimat waren, dass in den letzten Monaten entsetzliche Dinge geschehen waren, dass wir uns mitten in einem schrecklichen Krieg befanden und dass Toni uns wieder verlassen musste.

Kathi und Marie waren am kommenden Montagmorgen nicht an ihre Arbeitsstellen gegangen, sondern einfach zu Hause bei ihrem Vater geblieben. Es war ihnen zwar bewusst, dass sie Ärger bekommen würden, aber an diesem Tag war alles andere nicht wichtig, nur die verbleibende Zeit mit Toni zählte für sie, und ich gab ihnen Recht.

Toni bestand darauf, mit uns zum Fotografen zu gehen, denn er wollte ein Foto zur Erinnerung an diese Tage. Ich fand die Idee nicht ganz so gut, zumindest was mich betraf. Meine Haare waren stumpf und verfilzt, da wir ja kaum die Möglichkeit hatten, sie zu waschen – wir hatten nur kaltes Wasser und auch nicht immer Seife, ganz zu schweigen von speziellem Haarwaschmittel.

Außerdem fand ich, dass ich mit meinem von Falten durchzogenen Gesicht uralt aussah. Warum sollte ich dieses Erscheinungsbild auch noch verewigen lassen? Ich weigerte mich also standhaft, mich mit ihnen fotografieren zu lassen. Sollten die Mädchen und Toni doch allein gehen, wenn sie es unbedingt wollten. Allerdings muss ich gestehen, dass es mir auch leid um das Geld tat, denn schließlich verfügten wir kaum über Bares, und das brauchten wir eigentlich dringender für andere Sachen. Trotz aller Einwände musste ich am Ende kapitulieren, denn ich konnte und wollte die Freude meiner Familie nicht trüben.

Jetzt ging es erst einmal darum, was meine Mädchen anziehen sollten. Wir suchten aus den vorhandenen Stücken die besten heraus, und es gelang mir sogar, ein Bügeleisen aufzutreiben und mit dem altersschwachen Gerät die Kleider zu glätten. Die Mühe lohnte sich, denn meine Töchter sahen wirklich hübsch aus – es war ein Anblick, den wir lange nicht mehr erlebt hatten. Tonis Augen strahlten vor Stolz, als er mit den Mädchen loszog. Das Leuchten in den Augen von allen dreien war selbst noch auf dem Foto zu erkennen. Ich weiß nicht, wie oft ich es mir in den folgenden Jahren angesehen habe: Toni flankiert von Kathi und Marie, und wie oft ich meinen Starrsinn bedauerte, dass ich nicht mitgegangen war zu diesem Fototermin. Als wir das Bild ein paar Tage später abholen konnten, war Toni schon nicht mehr bei uns. Ich habe ihm einen Abzug davon per Feldpost geschickt, aber er hat es wohl nie bekommen.

Der Montagabend damals in Jamnitz, an dem Toni zurückmusste, kam schneller, als uns lieb war. Um sechzehn Uhr würde er den Zug besteigen und zu seinem Regiment fahren müssen.

Der Schnee knirschte unter unseren Schritten, als wir Hand in Hand stumm nebeneinander den Weg zum Bahnhof gingen. Unaufhörlich rannen den Mädchen die Tränen die Wangen hinunter. Ich wusste, wie weh ihnen in diesem Moment ums Herz war, und da konnte auch ich mich nicht länger beherrschen und weinte mit.

Es dämmerte bereits leicht, als wir den Bahnhof erreichten und kummervoll auf die Einfahrt des Zuges warteten. Kein Sonnenstrahl hatte sich an diesem Tag am Himmel gezeigt, es fiel nur unaufhörlich Schnee, und trostlos wie das Wetter war an diesem Abend auch unsere Stimmung.

Der Abschied war schwer und tränenreich. Toni bestieg den überfüllten Zug, drängte sich zu einem der geöffneten Fenster und beugte sich tief zu uns herunter.

Wie erstarrt standen wir auf dem Bahnsteig und blickten zu ihm hinauf, keiner von uns brachte auch nur ein einziges Wort über die Lippen. So vieles blieb unausgesprochen, so vieles brannte uns noch auf der Seele, aber die Zeit war vorüber.

Als sich der Zug langsam in Bewegung setzte, drückten wir noch einmal schnell seine Hände. Wir umklammerten sie, als könnten wir ihn festhalten. Aber dann entglitten sie uns. Wir sahen ihn zum letzten Mal.

Kathi hat diese Endgültigkeit wohl am stärksten von uns allen gespürt. Sie blieb im tiefen Schnee stehen, blickte dem Zug noch nach, als er schon längst unserem Blick entschwunden war, und sagte: »Solange ich hier stehe und ihm nachblicke, so lange spüre ich noch seine Nähe. Wenn ich gehe, ist er fort.«

Später hat mich ihre Reaktion oft an meine Mutter erinnert, die bei unserem letzten Besuch bei meinem Vater ebenfalls intuitiv gewusst hat, dass sie ihren Mann nie wiedersehen würde. Allerdings war damals sie es gewesen, die starb.

In eine ungewisse Zukunft

Seit Beginn des Jahres 1945 erkannten selbst die gläubigsten Anhänger des Nationalsozialismus, dass es zu Ende war – mit dem Krieg, aber ebenso mit dem Herrenleben in den besetzten Ländern. Auch im Reichsprotektorat machte man sich langsam daran, die Zelte abzubauen. Zwar waren bislang keine fremden Truppen hier eingedrungen, aber von Westen kamen die Amerikaner näher, und im Osten verlief die Front ebenfalls längst auf Reichsgebiet. Die Rote Armee rüstete zum Großangriff auf Berlin. Es konnte nur noch eine Frage der Zeit sein, bis auch das tschechische Gebiet besetzt wurde.

Mitte März war es dann so weit, dass man uns aufforderte, Jamnitz zu verlassen, weil wir hier nicht mehr lange sicher sein würden. Inzwischen war ein deutscher Versuch, Ungarn zu halten, gescheitert, und die Rote Armee schickte sich an, Ungarn zu erobern. Anschließend würde der Weg in Richtung Österreich und nach Böhmen-Mähren frei sein. Deshalb war es besser, vorsichtshalber weiter in nordwestliche Richtung zu ziehen, wo man eher mit dem Eintreffen der Amerikaner rechnen konnte. Aber niemand wusste mit Bestimmtheit zu sagen, wo wir wirklich sicher waren und wohin wir gehen sollten. Wieder begannen wir mit Vorbereitungen für eine Reise ohne bestimmtes Ziel.

Ich versuchte wie alle anderen, durch Tauschgeschäfte an Lebensmittelvorräte zu gelangen. Es war allerdings kein leichtes Unterfangen, denn inzwischen war die Versorgungssituation generell schwierig geworden, und so mussten wir uns mit dem Wenigen, das wir bekommen konnten, zufriedengeben.

An allen Ecken und Enden des Schulgebäudes herrschte ein heilloses Durcheinander. Alle waren nervös, und der Kampf um die wenigen Vorräte trug auch nicht gerade zur Beruhigung der angespannten Lage bei. Ich begann beim Einpacken mit Oma Gretls Sachen, schichtete ihre Kleiderkiste neu, legte heraus, was sie auf der Fahrt tragen sollte, und versuchte, ihr die neue Situation zu erklären.

Nach geraumer Zeit schien sie einigermaßen verstanden zu haben, warum ich ihre Kiste neu packte. Sie begann zu toben und zu schreien und war auf keinen Fall bereit, weiterzufahren – sie wollte um jeden Preis in Jamnitz bleiben. Alle, Kathi, Marie und selbst der alte Onkel Johann taten unser Bestes, sie zu beruhigen und ihr klarzumachen, dass wir keine andere Wahl hatten. Unsere ganze Hoffnung beruhte nur noch darauf, den Russen zu entkommen und uns in ein von den Amerikanern besetztes Gebiet zu retten. Da wären wir dann in Sicherheit – zumindest davon waren wir felsenfest überzeugt.

Im Morgengrauen des nächsten Tages sollte der erste Treck aufbrechen, und diesmal wollte ich unbedingt dabei sein. Zu groß war meine Angst, dass die Mädchen den Russen in die Hände fielen, obwohl ich wusste, dass die Rote Armee vorerst noch gar nicht in der Nähe war, aber mein Verstand arbeitete nicht mehr klar. Alle Wagen waren fertig gepackt, es war bereits dunkel, und wir wollten uns zum Schlafen hinlegen, als wir bemerkten, dass Oma Gretl fehlte. In dem allgemeinen Tumult hatte sie unbemerkt die Turnhalle verlassen.

Erst dachten wir, sie wäre nur zur Toilette gegangen, doch als sie nach geraumer Zeit nicht zurückkam, begann ich mir Sorgen zu machen. Ich ging von Zimmer zu Zimmer, durchsuchte die Nebenräume und den Keller – Oma Gretl kannte den Keller, denn immer wenn wir Bombenalarm hatten, flüchteten wir dorthin. Aber sie war nicht aufzufinden.

Inzwischen hatte sich ihr Verschwinden herumgesprochen, und es beteiligte sich eine ganze Reihe von Leuten an der Suche nach meiner verschollenen Schwiegermutter. Hinaus konnte sie unmöglich gelangt sein, denn das große Schultor wurde abends verschlossen, und der Schlüssel lag beim Schuldiener. Demzufolge musste sie irgendwo im Haus sein.

Mit einem Mal fiel mir der Dachboden ein, denn dort hatte ich noch nicht gesucht. Obwohl ich bezweifelte, dass Oma Gretl mit ihren steifen Knien die steile Treppe geschafft hatte, stieg ich nach oben und öffnete die knarrende Tür. Es war stockdunkel und tastend suchte ich nach einem Lichtschalter. Der Dachboden war riesig und nur durch einige wenige Glühbirnen sparsam beleuchtet. Langsam ging ich von einer Ecke in die andere, immer wieder »Oma« rufend.

Ich hatte fast schon das Ende des Dachbodens erreicht und wollte gerade umkehren, als ich plötzlich wie angewurzelt stehen blieb. Meine Suche hatte ein jähes Ende gefunden: An einem der niederen Balken des Dachstuhls hatte Oma Gretl sich erhängt, mit einem Stück Seil von zu Hause, dass einst von den Händen ihres Sohnes gefertigt worden war.

Ich stieß einen gellenden Schrei aus, und bald darauf tauchten auch die anderen auf dem Boden auf. Zwei Männer hoben Oma Gretl herunter und legten sie auf den Boden. Ich stand reglos da und starrte auf den leblosen Körper meiner Schwiegermutter. Obwohl sie mir oft das Leben zur Hölle gemacht hatte, musste ich unwillkürlich denken: »Warum tut sie mir das an?«

Es folgte eine schlaflose Nacht, in der mir die verschiedensten Gedanken wild durch den Kopf schossen. Was sollte ich tun? Einerseits lag Oma Gretl aufgebahrt in einer kleinen Kammer, und irgendjemand musste sich um sie kümmern. Andererseits wollte ich meine Mädchen so schnell wie möglich in Sicherheit wissen. Als der Morgen graute, hatte ich einen Entschluss gefasst. Ich würde bleiben, aber Kathi und Marie mussten mit dem ersten Treck weg.

Meine Töchter protestierten energisch, sie wollten mich nicht alleine zurücklassen, aber ich ließ mich nicht umstimmen und bestand darauf, dass sie sich mit unserem Wagen dem Treck anschlossen. Ich legte ihnen noch ans Herz, sich während meiner Abwesenheit um Onkel Johann und Tante Magdalena zu kümmern, die alleine nicht mehr zurechtkamen. Ich schaute ihnen nach, als sich im Morgengrauen des nächsten Tages ein endloser Zug aus Menschen, Pferden und Wagen in Bewegung setzte. Noch lange konnte ich sie auf der schnurgeraden Straße mit meinen Blicken verfolgen und die winkenden Hände meiner Töchter erkennen. Dann wandte ich mich schweren Herzens ab und ging mit schnellen Schritten zum Pfarrhaus von Jamnitz.

Der Pfarrer war ein alter, kleiner, grauhaariger Mann, der ganz gut Deutsch sprach, sodass wir zum Glück keine größeren Verständigungsprobleme hatten. Er versprach mir, so schnell wie möglich für Oma Gretls Beerdigung zu sorgen. Er hielt sein Wort: Am späten Vormittag stand ich als einziger Trauergast neben ihm am offenen Grab meiner Schwiegermutter. Der Himmel war verhangen, und es regnete leicht. Der Pfarrer hielt eine kurze Rede in gebrochenem Deutsch, ich warf eine Schaufel Erde auf den einfachen Holzsarg, und die Totengräber begannen mit dem Zuschütten des zuvor so eilig ausgehobenen Grabes.

Keine einzige Blume schmückte es, denn dafür hatte ich kein Geld. Ein schlichtes Holzkreuz, noch rasch in die Erde gesteckt, war alles, was darauf hinwies, dass hier ein Mensch begraben lag. Um Oma Gretls Name aufzumalen, hatte die Zeit nicht mehr gereicht. Der freundliche Pfarrer versprach mir allerdings, dies am nächsten Tag nachzuholen. Ob er es wirklich getan hat, weiß ich nicht, denn ich habe Jamnitz nie mehr besucht.

Ich sprach noch schnell ein Vaterunser, verließ dann den Friedhof und machte mich schleunigst auf den Weg zur Hauptstraße. Für Trauer war an diesem Tag keine Zeit, denn es drängte mich, meine Mädchen so schnell wie möglich wiederzufinden. Ich wollte versuchen, ein vorbeifahrendes Auto anzuhalten, und den Fahrer bitten, mich ein Stück mitzunehmen. Es hatte geheißen, der Treck würde in Richtung Österreich ziehen.

Es dauerte lange, viel zu lange für mein Gefühl, bis endlich hinter mir ein Motorengeräusch zu hören war. Es war ein tschechischer Bauer auf seinem Traktor, der sich langsam näherte. Ich stellte mich mitten auf die

Fahrbahn, sodass er einfach keine andere Wahl hatte, als anzuhalten. Der Mann sprach kein Deutsch, aber er verstand auf der Stelle, was ich wollte, und gab mir ein Zeichen, aufzusteigen. Ich war heilfroh, denn obwohl dieses Gefährt nicht das schnellste war, kam es doch rascher vorwärts als ein Treck. Mit etwas Glück würden wir ihn bald sehen.

Wir waren noch nicht weit gekommen, vielleicht vier oder fünf Kilometer, als wir hinter uns am Himmel das Brummen sich nähernder Tiefflieger hörten. Wie auf Kommando sprangen wir gleichzeitig vom Traktor und warfen uns ins dichte Gestrüpp des Straßengrabens – ich auf der rechten Seite und der Bauer auf der linken. Krampfhaft drückte ich mich in das verdorrte Geäst, presste die Hände auf meine Ohren und schickte Stoßgebete zum Himmel, dass der liebe Gott mich um meiner Mädchen willen schützte. Was sollte denn aus ihnen werden, wenn ich nicht mehr da war?

Rund um mich herum schlugen die Salven der Maschinengewehre im nassen, teilweise gefrorenen Erdreich ein. Ich blieb reglos liegen, meine Stirn auf die kalte Erde gepresst, bewegte mich keinen Millimeter vom Fleck und wagte kaum zu atmen.

Als sich die Motorengeräusche nach schier endlos erscheinender Zeit entfernten, hob ich vorsichtig meinen Kopf. Eine tiefe Dankbarkeit und Erleichterung erfasste mich. Gott sei Dank, es war vorbei, und ich lebte noch.

Ich raffte mich auf und stieg hinauf zur Straße, völlig durchnässt und verschmutzt. Meine Erleichterung schwand ein wenig, als ich den Traktor sah, der völlig zerstört mitten auf der Straße stand. Damit würde niemand mehr fahren können. Nun suchten meine Augen den Bauern, der noch nicht wieder aus dem Straßengraben aufgetaucht war. Ich ging zur anderen Seite der Straße, und dann sah ich ihn blutüberströmt zwischen verdorrten Zweigen im matschigen Schnee liegen – er war tot, daran bestand kein Zweifel.

Ich verspürte in diesem Moment nichts als ein Gefühl vollkommener Leere und begann zu laufen. Immer schneller rannte und rannte ich, so schnell es mein schmerzender Knöchel erlaubte, weg von diesem schrecklichen Ort. Angst und Panik saßen mir im Nacken und trieben mich zu Höchstleistungen an – ich wollte zu meinen Mädchen, um jeden Preis.

Jedes Zeitgefühl ging mir verloren, und ich weiß nicht, wie lange ich gerannt bin. Endlich hielt neben mir ein Lastwagen, dessen Fahrer mir etwas zurief, auf Tschechisch vermutlich, denn ich verstand es nicht. Aber ich begriff, dass er mich aufforderte, mit ihm zu fahren. Misstrauisch schaute ich ihn an, doch ich blickte in gütige blaue Augen. Ich fasste Vertrauen zu ihm, stieg ein und drückte mich tief in die Ecke des alten, zerrissenen Autositzes. Langsam tuckerte der altersschwache Lastwagen schließlich los.

Etwa eine Stunde oder auch länger waren wir schweigend gefahren, als ich hinter einer scharfen Rechtskurve plötzlich vier Wagen mit Pferden etwas abseits der Straße im nahen Feld stehen sah. Ich stieß einen spitzen Schrei aus und bedeutete dem Fahrer, anzuhalten. Dann war ich auch schon vom Wagen herunter und lief zu den verlassenen Gespannen.

Einer der Wagen war zweifelsfrei unserer, und ein zweiter gehörte Onkel Johann. Doch weit und breit war niemand zu sehen, nicht meine Töchter und nicht Onkel und Tante. Hysterisch rannte ich auf und ab, dabei immer wieder aus Leibeskräften ihre Namen rufend. In meinem Kopf war nur Platz für einen Gedanken: die Russen hatten meine Kinder verschleppt. Wäre ich zu nüchternem Denken fähig gewesen, hätte ich gewusst, dass die Russen überhaupt noch nicht da waren. Aber wer denkt schon vernünftig in einer solchen Situation?

Der Lastwagenfahrer gab mir ein Zeichen, wieder ins Auto zu steigen, aber keine zehn Pferde würden mich von hier wegbringen, solange ich nicht in Erfahrung gebracht hatte, was geschehen war. Der freundliche Tscheche schüttelte verständnislos den Kopf und fuhr weiter. Völlig erschöpft setzte ich mich auf unseren Wagen und stützte den Kopf in meine Arme. Ich hatte das Gefühl, ein eiserner Ring würde erbarmungslos meine Brust abschnüren.

Endlich hörte ich hinter mir eine Stimme »Mutter« rufen. Diese Stimme gehörte ganz unzweifelhaft meiner Marie. Ich sprang hoch und sah ungläubig in ihre Richtung. Etwa fünfzig Meter seitlich der Straße erstreckte sich ein dichtes, ausgedehntes Gebüsch, das die Äcker unterteilte. Aus dem Strauchwerk kam nun einer nach dem anderen hervorgekrochen, allen voran Kathi und Marie, gefolgt von Onkel Johann und Tante Magdalena und ein paar anderen aus unserem Dorf. Ich konnte es kaum fassen, und ein unbeschreibliches Glücksgefühl erfüllte mich.

»Marie, Kathi, dass ihr da seid! Ich habe mir schon die schlimmsten Dinge ausgemalt. Kommt und lasst euch umarmen.«

Ich presste meine Kinder an meine Brust, und noch immer erschien es mir wie ein Wunder, dass ich sie tatsächlich im Arm hielt.

»Mutter, es ist ja alles gut«, versuchte mich Kathi zu beruhigen, »wir haben uns vor den Tieffliegern im Gebüsch versteckt, und außerdem wollten wir auf dich warten.«

Folgendes war geschehen: Die Tiefflieger hatten zwar den Treck überflogen, aber nicht beschossen. Nachdem die Gefahr vorbei war, entstanden hitzige Diskussionen unter den Treckteilnehmern. Die einen wollten gleich weiterfahren, die anderen, die etwas ängstlicher waren, wollten wie schon vor ein paar Monaten bei Nacht fahren und den Tag in einem Versteck zubringen. Die Meinungen prallten aufeinander, und zu guter Letzt teilte sich der Treck in drei Gruppen.

Die erste Gruppe zog sofort weiter. Die zweite Gruppe entschied sich, bis zum nächsten Wald zu fahren und dort auf den Einbruch der Dunkelheit zu warten, und die dritte, die ganz kleine Gruppe, die vor allem meine Familie umfasste, entschied sich dafür, in dem Gebüsch auszuharren und auf mich zu warten.

Unser kleiner Treck bestand nur mehr aus vier Wagen und vier Pferden. Wir beschlossen, um einen weiteren Beschuss durch Tiefflieger zu vermeiden, uns tagsüber zu verstecken und erst bei Anbruch der Dunkelheit weiterzuziehen.

Die Stunde Null

Wir waren immer in nordwestliche Richtung gezogen, und diese Entscheidung erwies sich als richtig. Allerdings erreichten wir Österreich nicht so schnell, wie wir gedacht hatten, sondern strandeten in Krumau im Sudetenland, wo wir in einem Auffanglager der Wehrmacht eine Unterkunft fanden. Man riet uns, hier das Ende des Krieges abzuwarten, und mit uns warteten ungezählte andere Trecks, die, aus den Ostgebieten und aus Schlesien kommend, hier vorübergehend Zuflucht gesucht hatten, denn noch immer war das Sudetenland unbesetzt.

In Österreich jedoch hatte die Rote Armee von Ungarn her Wien, das Burgenland und die Steiermark erobert. Der Vormarsch der Briten, die von Italien nach Kärnten vordringen sollten, und der Amerikaner, die von Bayern und Tirol Richtung Reichsprotektorat und die Linzer Region vorstießen, verzögerte sich dagegen. Es war für uns ein banges Warten, ob sie wirklich vor den Russen da sein würden.

Am 3. Mai 1945 kamen sie endlich: Das Gebiet, in dem wir uns aufhielten, wurde von den Amerikanern besetzt, die Wehrmacht kapitulierte wie einen Tag zuvor schon die Verteidiger von Berlin. Endlich war alles vorüber, der Spuk hatte ein Ende, kein Tiefflieger würde uns mehr beschießen und kein Kanonendonner unsere Nachtruhe stören.

Als Erstes ordneten die Amerikaner an, dass sich kein Treck eigenmächtig aus Krumau entfernen durfte, bis wir elf Tage später die Anweisung erhielten, uns in Richtung des kleinen Ortes Honetschalg in Bewegung zu setzen. Sammelpunkt war eine große Wiese, auf der es wie in einem riesigen Heerlager aussah und wo wir auf einen Großteil all jener Menschen stießen, die vor oder mit uns ihre Banater Heimat verlassen hatten. Zu meinem Kummer war meine Schwägerin Leni mit ihren Töchtern nicht darunter. Ich fragte alle möglichen Leute nach ihr, aber niemand wusste etwas über ihren Verbleib, denn in den Wirren der letzten Kriegstage hatten sich die Trecks zum Teil aufgelöst.

Wieder wurden wir befragt, woher wir kamen und wohin wir wollten. Einige wollten nach Österreich, andere nach Deutschland, und wieder andere planten eine Auswanderung nach Amerika. Aus irgendeinem Grund schienen die amerikanischen Soldaten, die uns weiterleiten sollten, nicht zu verstehen, dass es für uns vorerst lebensgefährlich war, in unsere Heimat zurückzukehren, denn sie forderten uns auf, nach Belgrad zu gehen.

Aber niemand leistete ihren Anweisungen Folge, denn die Schrecken dessen, was wir erlebt oder gesehen hatten, saßen noch tief. Obwohl wir alle unsere Heimat liebten, wollten wir erst einmal abwarten, wie sich die Dinge dort entwickelten. Also widersetzten wir uns dieser Anordnung und zogen los in Richtung der österreichischen Grenze, ohne dass uns jemand aufgehalten hätte.

Jetzt waren wir ein ziemlich großer Treck, und es war schwierig, so viele Menschen zu versorgen. Inzwischen hatten wir nichts mehr zu essen und schlichen nachts auf die umliegenden Felder, auf denen allerdings um diese Jahreszeit kaum etwas wuchs, oder bettelten bei den Bauern für unsere Tiere und für uns.

Als wir dann auf österreichischer Seite durch Zwettl kamen, bot sich mir die Gelegenheit, unser Pferd gegen eine trächtige Stute einzutauschen. Zwar war es nicht leicht, uns mit dem trächtigen Tier vorwärts zu bewegen, weil es den Wagen weniger zog, als dass wir ihn schieben mussten, doch meine Überlegung war gewesen, dass sich später mit dem neugeborenen Fohlen ein gutes Geschäft machen ließ und wir es gegen Lebensmittel eintauschen konnten.

Vorerst aber war die Stute eine Belastung, und es dauerte nicht lang, bis ich mit ihr zurückbleiben musste, weil das Fohlen zur Welt kam. Ich schickte die Mädchen mit dem Treck weiter. Kathi und Marie luden ihre wenigen Habseligkeiten auf Onkel Johanns Wagen um und folgten nur widerstrebend den anderen.

Ich fand einen Bauern, bei dem ich die Stute unterstellen und auf die Geburt des Fohlens warten konnte. Wir vereinbarten, dass er beide Pferde behalten könnte, wenn er mir neben einem anderen Pferd Kartoffeln, Mehl, Zucker und ein Stück Speck überließ. Mit diesem Handel war er im Prinzip zwar einverstanden, bestand jedoch darauf, dass ich die Geburt des Fohlens abwartete. Die trächtige Stute war nämlich leicht unterernährt, und der Bauer hegte Bedenken, ob sie die Geburt heil überstehen würde.

Noch am gleichen Abend kam das Fohlen zur Welt. Es war gesund, und meiner Stute ging es ebenfalls relativ gut, sodass der Bauer keine Hinderungsgründe mehr sah, den abgesprochenen Handel abzuwickeln. Ich war unendlich erleichtert, denn jetzt konnte ich den Treck bald einholen. Ich spannte das neue Pferd vor den Wagen, lud die eingetauschten Lebensmittel auf und machte mich auf den Weg.

Bevor ich mich verabschiedete, fragte der Bauer, ob ich dem kleinen Fohlen einen Namen geben wollte. Ich verneinte das und bat ihn lediglich, es nicht Jokl zu nennen, denn dieser Name hätte noch keinem Tier Glück gebracht. Ich dachte traurig zurück an mein altes Pferd, das Onkel Johann versteigert hatte, und an unseren kleinen Hund, der in Titel zurückbleiben wollte. Was wohl aus den beiden geworden war?

Kurz vor Linz erreichte ich unseren Treck, der dort gerade eine Pause machte. Die Überraschung war groß, denn niemand hatte so schnell mit mir gerechnet. Inzwischen waren bereits einige Wagen unterwegs abgebogen oder in irgendeinem Ort geblieben. Jetzt, nachdem der Krieg vorbei war, musste man daran denken, das unfreiwillige Nomadenleben schnellstmöglich aufzugeben und sich dem normalen Alltag zu stellen. Wir setzten unsere Hoffnungen auf Linz. In froher Erwartung machten wir ein Feuer, kochten mit meinen eingetauschten Lebensmitteln für alle in einem großen Topf Kartoffelsuppe mit Speck und ließen uns diesen ungewohnten Genuss schmecken.

Unsere Stimmung war so gut wie schon lange nicht mehr. Der Krieg war vorbei, und in Linz würden wir in Sicherheit sein. Was sollte jetzt noch groß passieren?

Bei strahlendem Sonnenschein und azurblauem Himmel zogen wir am nächsten Morgen über die Nibelungenbrücke in die Stadt. Linz war zerbombt, und eine Häuserruine reihte sich an die nächste. Ich konnte kaum ein Haus entdecken, das nicht in Trümmern lag oder Spuren der Zerstörung aufwies. Es war das erste Mal, dass wir die Folgen des Bombenkrieges in diesem Ausmaß zu Gesicht bekamen, denn aus Angst vor den gegen Ende des Krieges zunehmenden Bombardements hatten wir auf unserem Treck die größeren Städte gemieden.

Doch wohin jetzt? Planlos zogen wir durch die Stadt, die uns fremd war. Wir waren hergekommen, weil wir gehört hatten, dass hier angeblich schon einige Flüchtlinge aus unserem Dorf lebten. Sie zu finden war unser Ziel.

Am südlichen Stadtrand entdeckten wir eine große, brachliegende Wiese, die geradezu prädestiniert schien, hier für eine Weile zu lagern, zumal auch andere Flüchtlinge bereits ihre Wagen aufgestellt hatten. Wir spannten unsere Pferde aus und ließen sie in der warmen Abendsonne auf der kargen Wiese grasen. Ein eigenartiges Gefühl überkam mich plötzlich – es war mir, als wären wir endlich nach einer langen Reise am Ziel angekommen.

Dabei war unsere Situation alles andere als rosig, denn unsere Lebensmittel gingen ebenso zur Neige wie das Futter für die Tiere. Hinzu kam, dass wir in Österreich ein Verständigungsproblem hatten, denn die Leute hier verstanden unseren Dialekt ebenso wenig wie wir den ihren. Wir sprachen zwar die gleiche Sprache, und doch war unsere so unendlich anders.

Unser Dialekt beruhte auf einem altertümlichen Deutsch, wie es in den verschiedenen Regionen, aus denen unsere Vorfahren stammten, vor zweihundert Jahren gesprochen worden war. Er hatte sich dann zu einem eigenen Dialektgemisch entwickelt, klang jedoch unverändert altmodisch.

Aber wir waren nicht nur Fremde in einem fremden Land, sondern für viele auch Eindringlinge, die keiner haben wollte. Immerhin suchten wir Arbeit, die es kaum gab, und Wohnungen, die durch die Bombenangriffe erst recht Mangelware geworden waren. Und wir brauchten Lebensmittel, die überall in dem verwüsteten Land kaum zu bekommen waren. Die Not war groß, nicht nur unter den Flüchtlingen, und ich konnte die abwehrende Haltung der Menschen gut verstehen. Sie fühlten sich schlicht überfordert durch den Ansturm der Millionen von Flüchtlingen, die von Ost nach West vertrieben worden waren, neue Wurzeln schlagen mussten und Hilfe brauchten.

Unser Treckführer Andres wandte sich an eine offizielle Anlaufstelle und erfuhr dort die Adresse einer Familie aus Rudolfsgnad, die sich in Linz niedergelassen hatte. Mit dieser Adresse und einer vagen Wegbeschreibung machte ich mich auf die Suche, doch in der zerstörten Stadt verlor ich schnell die Orientierung. Ich wandte mich an eine Frau, die in ihrem Vorgarten arbeitete. Sie las meinen Zettel und versuchte, mir ausführlich den Weg zu erklären, dennoch musste ich einige Male nachfragen, weil ich sie nur schwer verstand.

Langsam ging ich auf dem Gehsteig in angegebener Richtung weiter. Alles war so fremd für mich. Ich stellte mir vor, wie es sein würde, für immer hier zu leben. Plötzlich überfiel mich schreckliches Heimweh, Sehnsucht nach meinem alten Leben, nach der vertrauten Umgebung und den Menschen unseres Dorfes.

Ich betrachtete die Leute, die mir begegneten, und schaute in ihre Gesichter, aber ich konnte nicht darin lesen, ob sie sich genauso verlassen fühlten wie ich, ob sie ein Dach über dem Kopf und eine Arbeit hatten. Eines aber stellte ich fest: Fast alle sahen nicht viel besser aus als wir, waren schlecht ernährt, trugen meist abgetragene Kleidung und wirkten insgesamt wenig gepflegt. Welches Schicksal sie auch erlitten haben mochten – zur damaligen Zeit ging es kaum jemandem gut.

Dann fiel mir ein Mann auf der anderen Straßenseite auf – in einem schönen Anzug und mit einem aufrechten Gang. Ich begann ihn näher zu mustern, und nach einigen Sekunden der Verblüffung erkannte ich, wen ich da sah. Es war Hans – das Gesicht gehörte meinem Bruder!

Mir wurde siedend heiß, das Blut stieg mir in den Kopf. Ich rannte über die Straße, wollte seinen Namen rufen, doch ich brachte keinen Ton heraus. Dann war ich bei ihm, und ehe er so recht wusste, wie ihm geschah, schlang ich schon meine Arme um seinen Hals und schluchzte an seiner Brust.

Es dauerte eine Weile, bis Hans die Situation erfasste. Wir standen einfach auf dieser Straße in Linz und hielten uns schweigend umschlungen. Es war wie ein Wunder – selbst in diesen schrecklichen Zeiten passierten immer wieder auch Dinge, über die man sich freuen konnte. Dass ich meinen Bruder wiedergefunden hatte, gehörte sicher zu den Allerschönsten.

Und was das Beste war: Hans wohnte mit seiner Frau und seinen Töchtern genau bei den Leuten, deren

Adresse ich erhalten hatte und die ich gerade aufsuchen wollte. Ich begleitete meinen Bruder also nach Hause, und während des ganzen Weges redeten wir unaufhörlich, wir hatten uns ja so viel zu erzählen.

Dann waren wir da, und meine Schwägerin und ihre Töchter waren außer sich vor Freude, mich zu sehen, nachdem sie die ganze Zeit überall nach uns gefragt hatten. Es war wundervoll, die lieben vertrauten Gesichter wiederzusehen, und es erschien mir in diesem fremden Land wie ein tröstlicher Gruß aus der Heimat.

Man bot mir an, mit meinen Mädchen ebenfalls in diese Wohnung zu ziehen, aber es war undenkbar, auch noch Onkel Johann und Tante Magdalena auf dem ohnehin beengten Raum unterzubringen, dafür reichte der Platz beim besten Willen einfach nicht aus.

Da ich die beiden alten Leute nicht alleine ihrem Schicksal überlassen konnte, blieb mir nichts anderes übrig, als dieses hochherzige Angebot auszuschlagen. Wir mussten also vorläufig noch in unserem Wagen bleiben, bis sich auch für uns eine richtige Unterkunft gefunden hatte. Dass dies bald geschehen würde, darauf hoffte ich, dafür betete ich, denn vor allem die hygienischen Verhältnisse waren katastrophal. Aber nachdem ich meinen Bruder getroffen hatte, schien alles andere nicht mehr so wichtig.

Das Leben ging schon manchmal eigenartige Wege.

Unerwünscht im fremden Land

Mehr oder weniger geduldig harrten wir vorerst in unserem Wagenlager auf der Wiese aus. Da niemand wusste, wohin man uns stecken sollte, kümmerte sich einfach niemand um uns, und unsere Befürchtungen, man würde uns von unserem Lagerplatz vertreiben, erwiesen sich als unbegründet. Die Leute und auch die Verwaltungsbehörden schienen andere Probleme zu haben.

Allerdings bedeutete die Tatsache, dass niemand von uns Notiz nahm, gleichzeitig, dass auch keine Anlaufstelle da war, die uns und unsere Tiere mit dem Nötigsten versorgte. Wir waren ganz alleine auf uns gestellt. Nachts gingen wir auf die Felder, suchten Kartoffeln und anderes Essbares. Wir fuhren mit dem Wagen hinaus aufs Land und bettelten um Lebensmittel – ab und zu konnten wir etwas eintauschen. Arbeit gab uns niemand. Es wurde Herbst und vor allem nachts schon empfindlich kalt, unsere Lage wurde immer schwieriger, je näher der nächste Winter rückte.

Zunehmend hatten wir auch das Gefühl, in diesem Land unerwünscht zu sein, belächelt zu werden wegen unserer Sprache, unserer altmodischen Kleidung. Auch wenn wir die Menschen hier verstanden, die schließlich ebenfalls Not litten, war dies eine bittere Erfahrung für uns.

Ein Erlebnis ist mir besonders in Erinnerung geblieben. Es war an einem lauen Vormittag im Hochsommer, kurz nachdem ich meinen Bruder auf so wundersame Weise wiedergefunden hatte. Die Sonne war verschleiert und brannte nicht erbarmungslos vom Himmel, und ich war gerade damit beschäftigt, unser Pferd zu bürsten, als ich schon von weitem die Stimme meiner Schwägerin hörte. Dann sah ich Leni, die mir tränenüberströmt entgegeneilte.

»Leni, was ist denn passiert?«, fragte ich verwundert und lief ihr entgegen.

Es dauerte einige Zeit, bis sie sich beruhigt hatte und mit stockenden Worten erzählen konnte, was sie so sehr aus der Fassung gebracht hatte.

»Bei uns in der Straße ist ein Stand, an dem man Brot kaufen kann …« Ich hatte Mühe, Leni zu verstehen, denn immer wieder wurde sie von Weinkrämpfen geschüttelt. »Ich habe mich angestellt wie alle anderen auch – eine lange Zeit. Und als ich dann endlich an der Reihe war, hat mich die Verkäuferin von oben bis unten mit ganz schmalen Augen gemustert.«

Leni putzte sich geräuschvoll die Nase und unterbrach ihren Bericht neuerlich.

»Nun red doch weiter, was war dann?«, drängte ich ungeduldig.

»Dann hat sie gesagt: Nun kommen auch noch die Zigeuner und essen uns das Brot weg! Verschwinde, von mir bekommst du nichts. Noch nie in meinem Leben habe ich mich so geschämt.«

Lenis Schilderungen schnitten mir tief ins Herz, wusste ich doch selbst, dass wir hier alles andere als willkommen waren, aber was sollten wir denn tun? Nach Jugoslawien konnten wir nicht zurück, denn dort waren wir erst recht unerwünscht. Es blieb uns also nur

Deutschland oder Österreich, woher unsere Vorfahren kamen, und zudem waren es der Zweite Weltkrieg und die deutsche Besetzung gewesen, die einen Verbleib in unserer Heimat unmöglich gemacht hatten. Wir hätten weiß Gott nichts lieber getan, als in unser Dorf zurückzukehren, zu welchem Staat wir auch gehören würden, aber Hitler hatte dafür gesorgt, dass dies nicht mehr möglich sein würde.

»Barbara, wir sind doch keine Zigeuner«, schluchzte Leni.

»Nein, natürlich sind wir keine Zigeuner, aber ich denke, wir sollten uns anpassen. Wir sind anders gekleidet, und wir sprechen anders als die einheimische Bevölkerung – wir müssen deren Verhalten irgendwie verstehen, denn sie haben selbst nicht genug und sollen nun auch noch mit Fremden teilen.«

»Aber was ist falsch an uns?«

»Nichts – nichts ist falsch an uns. Den anderen ist nur nicht recht, dass wir hier sind.«

Ich nahm Leni in den Arm und versuchte, sie zu trösten.

Meine Schwägerin begriff, um was es ging, und was sie selbst dazu beitragen konnte, unsere Situation zu verbessern. Von diesem Tag gewöhnte sie sich an, nur noch hochdeutsch zu sprechen und ihr Äußeres den österreichischen Gepflogenheiten anzupassen. Sie hatte nie wieder Grund, sich zu beklagen.

Obwohl ich es war, die ihr den nützlichen Rat gab, habe ich ihn für mich selbst sehr viel schlechter beherzigt. Ich denke, man hört mir noch heute an, woher ich stamme.

Zurück zu den Nachkriegstagen in Linz. Wir hatten beinahe schon allen Mut verloren, als eines Morgens ein amerikanischer Jeep mit vier Soldaten zu uns aufs Feld gefahren kam. In gebrochenem Deutsch teilte man uns mit, dass wir uns am kommenden Montag um acht Uhr morgens am Hauptbahnhof in Linz einzufinden hatten, ohne Pferde und Wagen und nur mit dem allernötigsten Gepäck. Ein Zug würde uns dann nach Andorf bringen, wo man für uns ein Barackenlager mit beheizbaren Räumen vorbereitet hätte und wo wir Lebensmittelkarten und Arbeit bekommen würden.

Einerseits waren wir erleichtert, dass unser wildes Nomadenleben auf dem Feld ein Ende haben sollte, andererseits hatten wir gehofft, in Linz bleiben zu können. Wie und wo sollten wir außerdem so schnell unsere Pferde und Wagen verkaufen? Es blieben uns gerade einmal fünf Tage bis Montag. Aber alles Überlegen nützte nichts, und wir hatten ohnehin keine Wahl, der Platz musste geräumt werden, und wir würden freiwillig oder mit Zwang den Zug besteigen müssen.

Eilig versuchten wir, alles zu verkaufen, was wir nicht mitnehmen konnten, aber das war gar nicht so einfach. Jeder wollte in diesen Tagen irgendwelchen Hausrat gegen Lebensmittel tauschen. Zum Glück fanden wir außerhalb der Stadt einen Bauern, der uns für unsere Habe einschließlich Pferd und Wagen ein bisschen Geld und ein paar Lebensmittel gab.

Die Trennung von unserem Wagen fiel mir nicht leicht, hatte er uns doch den ganzen langen Weg begleitet und war für uns zu einem Stück Heimat geworden. Zahllose Erinnerungen hafteten daran, und es kam mir vor, als würde ich jetzt den letzten Rest meines Zuhauses verkaufen und verraten.

Traurig machten wir uns wie alle anderen, die noch keine feste Bleibe in Linz gefunden hatten, zu Fuß auf den Weg zum Bahnhof. Wir besaßen keine Koffer und keine Taschen, unsere wenigen Habseligkeiten, die uns geblieben waren, packten wir in Leinentücher, die wir zu einem Bündel schnürten. Hans begleitete uns. Er versprach, bald nach Andorf zu kommen, um nach uns zu schauen.

Meine Schwester Marga und ihre Mutter Hannah, die bislang mit uns gezogen waren, wollten nicht nach Andorf. Sie hatten beschlossen, nach Deutschland weiterzureisen, wo sie bereits eine befreundete Familie als Anlaufstelle hatten. Überhaupt machten sich viele unserer Landsleute auf den Weg nach Deutschland, und auch wir dachten über diese Möglichkeit nach. Den Ausschlag gab dann, dass mein Bruder Linz nicht verlassen wollte, weil er Arbeit in einem Modehaus gefunden hatte – das war für einen Flüchtling ein ungewohnt schneller Aufstieg.

Warum sollten wir außerdem nicht in Österreich bleiben? Schließlich waren unsere Vorfahren ja Untertanen der Donaumonarchie gewesen, und die Berichte über die Situation im in Besatzungszonen aufgeteilten Nachkriegsdeutschland klangen alles andere als verlockend, denn dort waren die Zerstörungen noch größer als in den österreichischen Städten.

Der Zug war zum Bersten voll, wir konnten keinen Sitzplatz finden und drängten uns auf den ebenfalls überfüllten Gängen zusammen. Vor allem für die älteren Leute war das eigentlich unzumutbar, denn sie hatten Mühe, sich mit Hilfe ihrer Stöcke auf den Beinen zu halten und nicht zu stürzen.

Ein weiteres Ärgernis war der üble Geruch, der sich in diesem Gedränge bald ausbreitete. Der Zug selbst war sicherlich schon lange nicht mehr gründlich gereinigt worden, hatte vielleicht zuletzt dazu gedient, zerlumpte und verwundete Soldaten von der Ostfront zurückzubringen, denn die deutsche Heeresleitung hatte sich bemüht, vor der Kapitulation noch viele Wehrmachtsangehörige in die amerikanischen Besatzungszonen zu transportieren.

Wir selbst waren auch nicht gerade sauber, denn auf unserem Wagen konnten wir uns nie gründlich waschen. Ein kleiner Bottich war alles, was uns zur Verfügung stand. Wenn wir überhaupt Wasser hatten, war es kalt, und die Seife war uns schon längst ausgegangen. Es waren schreckliche Zustände, unter denen vor allem Marie litt, während Kathi und ich uns besser in die Gegebenheiten schickten.

Obwohl die Fahrt nach Andorf nicht sonderlich weit war, erschien sie uns unter den gegebenen Umständen endlos. Wir atmeten tief durch und genossen die frische kühle Luft, als wir endlich dem Gedränge und dem Gestank entkamen. Auf dem Bahnsteig warteten schon amerikanische Soldaten mit offenen Militärlastern, zu wenige allerdings für die vielen Ankömmlinge. Erst beim dritten Transport kamen wir mit.

Es war kalt auf dem offenen Lastwagen. Eisig pfiff uns der Wind um die Ohren, und wir drückten uns eng aneinander, um uns gegenseitig etwas Wärme zu spenden. Endlich erreichten wir das riesige Lagergelände, auf dem sich unzählige düstere Holzbaracken aneinanderreihten. Es war kein erhebender Anblick und trug nicht dazu bei, unsere trübe Stimmung zu verbessern. Genauso stellte ich mir ein Gefangenenlager vor. Später sollte ich feststellen, dass im Lager auch ein ganz spezieller Geruch herrschte, denn die Baracken waren mit einem Mittel gestrichen, das einem fast den Atem nahm.

Ziemlich hilflos standen wir in der Kälte vor der Baracke der Lagerverwaltung und warteten, bis wir an die Reihe kamen, um registriert und eingeteilt zu werden. Wir erhielten einen Raum in der fünften Baracke zugewiesen. Er war klein und finster: Auf zwölf Quadratmeter verteilt befanden sich ein Ofen, ein Stockbett, ein einzelnes Bett, ein winziger Tisch, drei Stühle und eine Kommode. In die Holzrahmen der Betten waren dicke Strohsäcke gepresst, auf denen dunkle Militärdecken lagen. Zwar war es kalt an diesem ersten Abend in unserem Zimmer, weil wir kein Brennmaterial hatten, aber es gab einen Ofen, und das ließ uns einigermaßen zuversichtlich dem Winter entgegensehen.

Toiletten und Wasseranschlüsse befanden sich in der übernächsten Baracke, und obwohl es auch hier nur kaltes Wasser gab, erschien uns die neue Unterkunft nach den Strapazen der letzten Monate wie purer Luxus. Außerdem befand sich in der Lagermitte eine Verkaufsstelle, wo wir die nötigsten Lebensmittel und Toilettenartikel erstehen konnten, sofern wir das nötige Geld hatten.

Es war ganz schön eng in dem Zimmer, zumal noch ein entfernter zwanzigjähriger Cousin zu uns stieß, der gerade aus der Kriegsgefangenschaft entlassen worden war und außer uns keine Menschenseele kannte. Im unteren Teil des Stockbetts schliefen Tante Magdalena und ich, das obere Bett teilten sich Kathi und Marie und das einzelne Bett Onkel Johann und Heinrich.

Trotz Enge und Kälte schliefen wir herrlich in dieser Nacht. Zum ersten Mal, seit wir von zu Hause wegmussten, lagen wir in einem richtigen Bett, denn in Jamnitz hatten wir nur Strohsäcke auf dem Boden gehabt. Auch mussten wir nicht mit knurrendem Magen einschlafen, denn von der Lagerverwaltung erhielten wir zur Begrüßung ein kleines Lebensmittelpaket.

Wir hatten jetzt ein Dach über dem Kopf und einigermaßen zu essen, aber mit der versprochenen Aussicht auf Arbeit wurde es nichts. Die Mädchen, Heinrich und ich bemühten uns, in den nächsten Tagen und Wochen intensiv, etwas zu finden, ganz gleichgültig was – nur Arbeit. Aber niemand hatte eine Arbeitsstelle anzubieten oder wollte sie an Fremde vergeben, denn schließlich waren genug Einheimische, die genau wie wir von der Hand in den Mund lebten, auf der Suche nach einer Verdienstmöglichkeit.

Der kommende Winter wurde nicht leicht, denn es war bitterkalt. Heimlich gingen wir in den Wald, um Holz und Reisig zu sammeln. Die Kälte drang durch die Wände der Baracken, und es war mühsam, das Zimmer mit dem kleinen Ofen und dem spärlichen Brennmaterial einigermaßen zu wärmen. Wie so oft schon seit Beginn unserer Flucht wich die Euphorie, die uns anfangs in Andorf erfüllt hatte, tiefer Niedergeschlagenheit und Verzweiflung.

Doch bald darauf gab es wieder einen Hoffnungsschimmer für uns: Ich fand Arbeit in einer Besenfabrik. Zwar war es ein schlecht bezahlter Job, aber es war besser als nichts und markierte einen neuen Anfang. Immerhin konnte ich uns jetzt mit dem Nötigsten versorgen, und langsam begann sich unser Leben zu normalisieren und erträglicher zu gestalten.

Allerdings warteten wir weiterhin vergeblich auf ein Lebenszeichen von Toni. Natürlich wussten wir, dass noch viele ehemalige Soldaten sich irgendwo in Kriegsgefangenschaft befanden, entweder gar nicht schreiben konnten oder die Post endlos lange unterwegs war. Insgeheim hofften wir immer, er würde eines Tages so unerwartet vor uns stehen wie vor einem Jahr in Jamnitz.

Jeden Abend nach der Arbeit ging ich zur Lagerverwaltung, um nach Post zu fragen. Eigentlich wusste ich schon im Vorfeld, dass ich mir den Weg hätte sparen können, denn nie war etwas für uns dabei – bis zu jenem Abend im späten Herbst. Ich wollte es zuerst gar nicht glauben, als mir auf meine Frage hin ein Brief in die Hand gedrückt wurde. Wie gebannt starrte ich auf den Umschlag zwischen meinen Fingern, wie vertraut war mir doch diese Schrift, wie schön, sie zu sehen – der Brief stammte von Toni.

Aufgrund des Poststempels konnte ich erkennen, dass er aus Jugoslawien kam. Ich war in Versuchung, ihn sofort zu öffnen, beherrschte mich jedoch und legte im Laufschritt die kurze Strecke zu unserer Baracke zurück. Ich konnte es kaum erwarten, den Brief meinen Töchtern zu zeigen.

»Kathi, Marie«, rief ich schon von weitem, »was glaubt ihr, was ich hier habe?«

Ich betrat das Zimmer und hielt den Brief wie eine Trophäe über meinem Kopf. Neugierig folgten sie mir, bis es Kathi zu dumm wurde und sie mir den Brief einfach aus den Händen riss. Ein kurzer Blick genügte, um die Handschrift zu erkennen.

»Es ist ein Brief von Vater!«, rief sie mit zitternder Stimme, riss ihn augenblicklich auf.

Er war auf verblichenem, altem Papier mit Tintenbleistift geschrieben. Die Schrift war blass und schlecht leserlich.

Kathis Stimme zitterte vor Aufregung, als sie vorzulesen begann:

Meine Liebsten,
Kathi, Marie, Barbara und Mutter

Ich bin so unendlich froh, euch in Sicherheit zu wissen. Tag und Nacht denke ich darüber nach, wie es euch wohl geht, wie ihr lebt und ob ihr auch genug zu essen habt.

Bei unserem letzten Treffen in Jamnitz waren eure Gesichter schmal, und es tat so weh, euch nicht hel-

fen zu können. Ich kam mir so unendlich hilflos und schwach vor. Jede Nacht vor dem Einschlafen küsse ich in Gedanken eure lieben Gesichter, es tut mir so leid, dass ich nicht in der Lage bin, euch Mädchen eine schöne Jugend zu bieten.

Meine liebe Barbara, ich weiß, du bist stark, du gabst auch mir immer Kraft und Halt. Pass bitte, bitte gut auf unsere wunderbaren Töchter auf. Wie geht es meiner Mutter? Sicher hast du viel Ärger mit ihr.

Eine schlimme Zeit liegt auch hinter mir. Ich bin in jugoslawische Gefangenschaft geraten, sitze hier in Esseg fest und kann nicht zu euch. Es ist nun klar, dass wir unsere Heimat so schnell nicht mehr sehen werden, man hört die schrecklichsten Dinge von zu Hause. Wie es wohl in meiner Werkstatt aussieht? Wahrscheinlich steht sie nicht einmal mehr.

Letzte Nacht hab ich geträumt, ich ging durch unsere Straße, und als ich vor unserem Haus stehen blieb, kam unser Jokl aus dem Gartentor. Seine Freude, als er mich sah, war so groß, dass er mich fast umgeworfen hätte, als er an mir hochsprang. Leider bin ich dann aufgewacht und hatte Heimweh, nach unserem Leben, das man uns gestohlen hat. Ich habe die ganze Nacht geweint und mich immer wieder gefragt, warum. Eine Antwort fand ich jedoch nicht.

Über mir im Stockbett liegt einer aus unserem Dorf, der Kimmel Heinrich, falls du dich erinnerst. Ich bin froh, dass er hier ist, wir sprechen viel von zu Hause und vertreiben uns damit die langen Abende.

Wir haben jedoch berechtigte Hoffnung, bald entlassen zu werden. Wie schön wird es sein, euch wiederzusehen.

Mein Papier geht zu Ende, dabei hätte ich euch noch so viel zu sagen, aber ich muss mich verabschieden. Denkt immer daran, egal was im Leben auch noch geschieht, ich werde euch immer lieb haben.

Toni

Nachdem Kathi geendet hatte, war es vollkommen still im Raum. Genau wie Toni spürten wir alle plötzlich brennendes Heimweh nach unserem alten Leben, doch nichts würde jemals wieder so sein, wie es war.

Noch am gleichen Tag beantworteten wir Tonis Brief und erzählten ihm lange und ausführlich, was alles passiert war. Auch den Tod von Oma Gretl teilten wir ihm mit. Kathi und Marie schrieben jetzt jede Woche an ihren Vater, obwohl ich ihnen manchmal vorhielt, an die Portokosten zu denken, aber sie ließen sich nicht davon abbringen. Von nun an warteten wir tagtäglich auf einen neuen Brief von Toni, aber es kam keiner – nicht heute, nicht am nächsten und auch nicht am übernächsten Tag. Später sollten wir erfahren, dass er bereits tot war, als uns sein Brief erreichte.

Hoffnungen und Enttäuschungen

Eines schönen Tages zu Beginn des neuen Jahres kam mein Bruder mit einer wunderbaren Nachricht zu uns nach Andorf.

Es war ihm gelungen, in Linz auf dem Gelände einer Dosenfabrik ein schönes, großes Zimmer für uns aufzutreiben. Außerdem bestand eventuell die Möglichkeit für uns, dort oder in den in unmittelbarer Nähe gelegenen Eisenwerken Arbeit zu bekommen. Der Gedanke, wieder in der Nähe von Hans und seiner Familie leben zu können, war überwältigend für mich.

Bereits eine Woche später bezogen wir unsere neue Unterkunft. Das Zimmer war hell und freundlich, möbliert mit einem Tisch, vier Stühlen und einem eigenen Bett für jeden von uns. Das hatten wir bisher nicht gehabt. Insoweit unsere bescheidenen Mittel es erlaubten, richteten wir uns häuslich ein und fühlten uns eigentlich bald recht wohl. Kathi schrieb gleich einen Brief an ihren Vater, in dem sie ihm unsere neue Anschrift mitteilte, und wieder warteten wir auf eine Nachricht von ihm.

Auch mit Arbeit klappte es diesmal, zumindest was meine Töchter betraf – mein Bruder hatte wirklich gut vorgearbeitet. Kathi fand eine Anstellung in den Eisenwerken, und Marie bekam eine Stelle als Haushaltshilfe in der Stadt.

Ich erinnere mich noch genau an ihren ersten

Arbeitstag. Sie fand auf dem Heimweg nicht nach Hause, weil sie drei Stationen zu spät aus der Straßenbahn ausstieg. Es war bereits stockdunkel, als sie bei uns ankam, und wir waren schon in Sorge. Marie weinte, und ich musste sie die nächsten Tage begleiten.

Sie war in dem Haushalt für so ziemlich alle anfallenden Arbeiten außer Kochen zuständig. Auch in diesem Haus war alles noch provisorisch und stellte meine Tochter, die ohnehin kein großes Talent für häusliche Dinge hatte, vor ein riesiges Problem. Wie sollte sie beispielsweise die Wäsche machen, wenn kein richtiger Bottich vorhanden war? Hinzu kam, dass ihre Chefin sie oftmals zurechtwies und Marie mir abends deswegen ihr Leid klagte. Was die Wäsche anging, so schlug ich vor, sie sollte mir in Zukunft alles bringen, und ich würde die Sachen für sie waschen und bügeln.

Im Frühling 1946 mussten wir wieder einmal umziehen, denn unser Zimmer in der Fabrik wurde anderweitig gebraucht. Da sich vorerst nichts Besseres anbot, zogen wir erneut in ein Lager, diesmal ganz in der Nähe. Zum Glück bekamen wir ein wirklich großes Zimmer zugeteilt, in dem wir sechs alle bequem Platz hatten. Wände und Fußboden waren aus Holz, doch dass diese heimelig wirkenden Holzböden durchaus ihren Nachteil haben konnten, sollten wir bald erfahren, denn hier fraßen die Ratten Löcher in den Boden und statteten uns nachts Besuche ab.

Abgesehen davon, ging es uns nicht wirklich schlecht. Wir gewöhnten uns einfach daran, unsere kargen Lebensmittel in Tücher einzubinden und an der Decke aufzuhängen, wenngleich es trotzdem gelegentlich vorkam, dass am Morgen die Vorräte weg waren.

Eine weit größere Plage stellten die Wanzen dar, die uns regelmäßig nachts überfielen und sich im gesamten Lager ausgebreitet hatten. Sie waren überall – in der Bettwäsche, in Kopftüchern, Kleidern und Unterwäsche und natürlich in den Strohsäcken. Wir konnten uns ihrer nicht erwehren und waren am ganzen Körper zerbissen. Mittlerweile waren wir ständig damit beschäftigt, uns zu waschen. Wir wuschen unsere Körper, unsere Haare, die Wäsche und die Kleidung, wir schrubbten die Zimmer von oben bis unten, doch es half alles nichts.

Ganz schlimm traf es den armen Heinrich, denn aus einem unerfindlichen Grund hatten es die Wanzen ganz besonders auf ihn abgesehen. Er schlief kaum noch im Bett, sondern legte sich nachts auf den Tisch, den er sogar bisweilen ins Freie trug, wenn das Wetter es erlaubte, nur um ganz sicherzugehen.

Irgendwann erlösten uns die Amerikaner von dieser Folter und sprühten alles mit DDT-Pulver aus. Nach dieser Aktion hatten wir dann für alle Zeiten Ruhe. Zumindest vor den Wanzen, denn die Ratten blieben uns erhalten.

Es war im späten Frühling, an einem Tag, der schon sommerlich heiß war, als wir ganz unerwartet einen Brief aus Andorf erhielten. Er kam von jenem Heinrich Kimmel, der gemeinsam mit Toni im Gefangenenlager gewesen war.

Wir waren nicht wenig verwundert darüber, dass der Brief aus Andorf kam, doch zugleich keimte Hoffnung auf. Wenn Heinrich Kimmel hier in der Nähe war, dann hatte man ihn aus der Gefangenschaft entlassen, und wenn er frei war, dann könnte auch Toni es bald sein. Erwartungsvoll betrachteten wir den Brief, und wieder war es Kathi, die ihn ungeduldig öffnete. Sie begann zu lesen:

Liebe Frau Klein,

Sie wundern sich sicher, von mir einen Brief zu erhalten und noch dazu aus Andorf. Leider habe ich keine gute Nachricht für Sie und Ihre Familie.

Schon seit einigen Wochen bin ich in Andorf und habe es doch immer wieder verschoben, Ihnen zu schreiben, aber ich muss es tun, daran führt kein Weg vorbei.

Leider muss ich Ihnen mitteilen, dass Ihr Mann Toni in Esseg ganz plötzlich und unerwartet verstorben ist. Es war in der Nacht vor unserer Entlassung aus der Gefangenschaft. Toni schlief im unteren Teil unseres Stockbettes. Er jammerte und stöhnte die ganze Zeit. Ich dachte mir, er hätte wohl am Abend zu viel Alkohol getrunken, und habe mir weiter keine Gedanken darüber gemacht.

Als ich am anderen Morgen aufstand, fand ich ihn tot in seinem Bett. Wir waren alle ziemlich betroffen, und Sie können sich denken, dass ich mir schlimme Vorwürfe machte, weil ich in der Nacht nicht aufgestanden war, um nach ihm zu sehen. Aber ich dachte einfach, es seien die Auswirkungen des Alkohols vom Vorabend.

Es tut mir so leid.

Wir haben ihn dann zwei Tage später in Esseg auf dem Friedhof begraben. Er bekam ein Einzelgrab und auch ein Holzkreuz mit seinem Namen darauf.

Liebe Frau Klein, Sie finden in dem Brief ein kleines Stück Seil. Toni musste in der Gefangenschaft immer wieder Seile für die Serben fertigen, und dieses Stück stammt von einem dieser Seile. Er gab es mir schon vor einiger Zeit und bat mich, sollte ihm etwas zustoßen, Ihnen dieses Stück als Erinnerung zukommen zu lassen.

Ich versichere Ihnen nochmals mein tiefes Bedauern und mein Mitgefühl.

Für die Zukunft wünsche ich Ihnen und Ihren Kindern alles Gute

Heinrich Kimmel

Der Brief und das Stück Seil fielen aus Kathis Händen, die letzten Worte kamen nur mehr stotternd und geflüstert aus ihrem Mund. Wir starrten uns alle sprachlos an. Das konnte doch nicht wahr sein, dass Toni tot war, gestorben kurz vor seiner Entlassung aus der Gefangenschaft. Ich konnte und wollte das Gehörte einfach nicht glauben. Tausend Fragen schossen durch meinen Kopf, tausend Fragen, auf die es keine Antwort gab.

Wie konnten Gefangene an so viel Alkohol kommen, dass sie an den Folgen starben? Natürlich hatte Toni bereits einen schweren epileptischen Anfall hinter sich, der durch ein Übermaß an Alkohol ausgelöst worden war, aber das war doch schon so lange her. Ich konnte mir das einfach nicht erklären.

Und weshalb gab Toni diesem Kimmel ein Stück Seil? Warum glaubte er, dass er uns vielleicht nicht wiedersehen würde? In seinem Brief aus Esseg hatte er doch zuversichtlich geschrieben, dass er hoffte, bald wieder bei uns zu sein. Und wer hatte die Beerdigung eines Gefangenen auf dem Dorffriedhof organisiert? Ein Grabkreuz kostete schließlich Geld. Wir konnten uns aus alledem keinen Reim machen, so lange wir auch grübelten und diskutierten. Aber warum sollte uns andererseits Heinrich Kimmel diesen Brief schreiben, wenn es sich anders verhalten hatte? Es ergab einfach alles keinen Sinn. Kathi schrieb noch am gleichen Abend nach Andorf und bat um zusätzliche Erklärungen.

Wir ließen in der Kirche eine Messe lesen und beteten jeden Abend, gemeinsam mit anderen Lagerbewohnern, für Tonis Seele. Nach und nach begannen wir, die Tatsache zu akzeptieren, dass er nicht mehr am Leben war. Auch wenn die Schilderungen von Heinrich Kimmel über die Umstände des Todes merkwürdig klangen, an der Tatsache als solcher zweifelten wir nicht mehr. Sie wurde für uns zur traurigen Gewissheit.

Doch die Sache ließ mir keine Ruhe, und da wir von Heinrich Kimmel keine Antwort mehr erhielten, beschloss ich, nach Andorf zu fahren. Ich wollte persönlich mit ihm sprechen – er sollte mir ins Gesicht sagen, dass er seelenruhig geschlafen hatte, während mein Mann mit dem Tod gekämpft hatte. Er sollte mir persönlich sagen, warum er keine Hilfe geholt hatte, wenn sein Kamerad so jammerte und stöhnte.

Am späten Vormittag traf ich in Andorf ein. Ich hatte Glück: Obwohl ich mich nicht angemeldet hatte, traf ich Heinrich Kimmel an. Er war nicht wenig erstaunt über meinen unerwarteten Besuch und auch ein bisschen verlegen, zumindest erweckte er bei mir diesen Eindruck.

Kimmel, der zwar aus unserem Dorf stammte, mit dem ich jedoch nie wirklich Kontakt gehabt hatte, bot mir einen Platz an und setzte sich mir gegenüber. Er wirkte nervös, seine Hände auf dem Tisch zitterten leicht, sein Gesicht war blass und eingefallen. Das schüttere, helle Haar hing ihm in langen Strähnen über die hohe Stirn.

Seine Schilderungen unterschieden sich kaum von denen in seinem Brief, und er versuchte, mir die Geschehnisse der Nacht plausibel zu machen:

»Wir waren fast alle stark betrunken, ich wäre gar nicht in der Verfassung gewesen, mich ernstlich um Toni zu kümmern. Es tut mir so leid, aber Sie müssen mir glauben, dass ich mir selbst die schlimmsten Vorwürfe mache und das schlechteste Gewissen der Welt habe.«

»Aber woher hattet ihr denn im Gefangenenlager Alkohol?«, wollte ich wissen.

»Toni arbeitete in der Küche«, antwortete Heinrich, »er nahm immer die Kartoffelschalen mit, und aus denen brannten wir dann von Zeit zu Zeit Schnaps. An diesem Abend vor unserer Entlassung tranken wir den ganzen Rest aus, und das war einfach zu viel.«

»Und die Wärter, schritten die nicht ein?«

»Im Gegenteil, die tranken sogar mit.«

Wir unterhielten uns noch lange, aber wirklich Neues kam dabei nicht heraus, zumindest nicht, was Toni betraf. Er berichtete jedoch, dass Stefan, meine Jugendliebe, in den letzten Kriegstagen an der russischen Front gefallen war. Ich musste zurückdenken an die Zeit mit ihm, die heimlichen Treffen am Damm, und Wehmut und Trauer erfüllten mein Herz. Wie sinnlos war doch dieser Krieg gewesen.

Gegen Abend fuhr ich mit dem Zug zurück nach Linz und erzählte meinen Töchtern, was ich in Erfahrung gebracht hatte – nämlich nichts. Was konnten wir jetzt noch tun, um Licht in die Sache zu bringen? Vielleicht gab es eine Möglichkeit, später einmal nach Esseg zu reisen und nach Tonis Grab zu suchen.

Obwohl meine Zweifel nicht zerstreut waren, musste ich zusehen, wie es mit mir weiterging. Ohne Toni würde ich ganz mittellos sein, zumal ich körperlich nicht mehr in der Lage war, einer regulären Beschäftigung nachzugehen. Die Flucht hatte mir doch übermäßig zugesetzt, ich war beständig krank, und auch der verletzte Fuß bereitete mir zunehmend Schwierigkeiten.

Ich befolgte den Rat der Lagerverwaltung und erkundigte mich bei der zuständigen Behörde wegen einer Witwenrente. Schließlich hatte mein Mann in der deutschen Armee gekämpft. Wäre er an der Front ums Leben gekommen , hätte ich eine Mitteilung erhalten, mein Mann sei »im Dienste für Volk und Vaterland« und »auf dem Felde der Ehre« gefallen, wie es damals pathetisch hieß.

Lange Wochen hörte ich nichts, bis dann eines Tages ein Schreiben kam, in dem stand, dass Voraussetzung für einen Anspruch auf Rente ein Totenschein wäre. Woher aber sollte ich einen Totenschein nehmen? Die Kooperation zwischen den ehemaligen Alliierten in West und Ost hatte sich seit Ende des Krieges dramatisch verschlechtert. Der so genannte Eiserne Vorhang schirmte die Länder im sowjetischen Machtbereich immer mehr vom Westen ab. Wir lebten jetzt in Zeiten des Kalten Krieges, und es stand nicht zu erwarten, dass aus Jugoslawien mit Hilfe zu rechnen war.

Ich reichte ein neuerliches Gesuch ein, doch auch dieses wurde abgelehnt.

Ein neuer Anfang

Mehr als ein Jahr verging, ohne dass sich in unserem Leben großartig etwas veränderte. Es war für mich eine sehr schwere Zeit, denn ohne Rente und ohne eigene Einkünfte musste ich von meinen Töchtern unterstützt werden. Und dann wurde ich zu allem Überfluss auch noch schwer krank. Ich bekam Tuberkulose wie einst meine Schwester und mein Neffe, nur hatte ich das Glück, dass es inzwischen Medikamente gab, um diese Krankheit zu bekämpfen.

Über ein Jahr ging es mir sehr schlecht. Meine Mädchen pflegten mich mit aufopfernder Hingabe, wofür ich ihnen heute noch dankbar bin. Marie hatte inzwischen wie ihre Schwester in den Eisenwerken eine Anstellung bekommen, und so schlugen wir uns durch. Sie arbeitete in der Gießerei, was mit äußerst schwerer körperlicher Tätigkeit verbunden war, und nicht nur einmal kam sie abends nach Hause und wollte alles hinwerfen.

Es tat mir weh, mein Kind so leiden zu sehen, denn ich hatte mir für meine Töchter immer eine schöne und sorglose Jugend gewünscht. Und nun das! Wenn doch wenigstens Toni noch am Leben wäre, dann hätten sie es vielleicht nicht ganz so schwer gehabt.

In dieser Situation war ich für jede Gelegenheit dankbar, den Mädchen eine Freude bereiten zu können. Vor allem Marie, die sehr eitel war und immer hübsch gekleidet gehen wollte, litt unter unserem Mangel. Mit dem Wenigen, was sie und Kathi verdienten, konnten wir uns gerade über Wasser halten, an Luxusartikel war da nicht zu denken, und außerdem bekam man das meiste nur durch Beziehungen.

Eines Tages ergatterte ich für wenig Geld eine Fallschirmseide. Eine Nachbarin aus unserer Baracke lieh mir ihre alte Nähmaschine, und mein Bruder wies mich in die Grundzüge des Schneiderhandwerks ein. Unter seiner fachkundigen Anleitung gelang es mir, für meine Mädchen wunderschöne Blusen zu zaubern. Ich war begeistert und beschloss, irgendwann, wenn meine Mittel es erlaubten, eine Nähmaschine zu kaufen und selbst zu nähen. Auch meine Töchter waren überglücklich und richtig stolz auf ihre Mutter. Ich werde nie ihre strahlenden Augen vergessen, als sie ihre Blusen das erste Mal anprobierten. Sogar mein kritischer Bruder lobte mich.

Allerdings hatten die Blusen in meinen Augen einen gewaltigen Nachteil, denn die Fallschirmseide war cremefarben, und ich bildete mir ein, Blusen müssten, wenn nicht farbig, strahlend weiß sein. Für mich sahen sie irgendwie schmutzig aus. Da meine Töchter meine Meinung nicht teilten, beschloss ich, mich um das Farbproblem zu kümmern, sobald sie zur Arbeit gegangen waren. Ich besorgte mir etwas Chlorlauge, die in den Toiletten zur Reinigung gebraucht wurde, verdünnte diese mit Wasser und weichte die fertigen Blusen darin ein.

Am Nachmittag waren die Blusen zwar wunderbar weiß, doch meine Freude war nur von kurzer Dauer, denn als ich sie aus der Lösung nahm, zerfielen sie in einzelne Teile. Ich hatte offenbar die Chlorlauge zu wenig verdünnt, oder Fallschirmseide vertrug generell kein Bleichen. Jedenfalls waren die schönen Blusen ruiniert. Tränen des Zorns über meine Unbedachtheit liefen mir über die Wangen, und ich hätte mich ohrfeigen können. Wie sollte ich das jetzt meinen Töchtern beibringen? Sie wollten am kommenden Samstag zum Tanzen gehen und hatten sich schon so darauf gefreut, etwas Schönes zum Anziehen zu haben.

Doch alles Ärgern half nichts – mein Missgeschick ließ sich nicht mehr rückgängig machen, und Ersatz war ebenfalls nicht zu beschaffen. Also beichtete ich am Abend, was ich in meiner Dummheit gemacht hatte. Natürlich waren die Mädchen enttäuscht, besonders meine eitle Marie, aber sie machten mir keine Vorwürfe. Die Erfahrungen der letzten beiden Jahre hatten sie frühzeitig reif und erwachsen werden lassen. Eine ruinierte Bluse brachte sie nicht mehr aus dem Gleichgewicht.

Das Jahr 1948 brach an, und wir hatten noch immer kein eigenes Zuhause. Stattdessen mussten wir jetzt wieder in ein anderes Lager ziehen. Warum das so war, weiß ich nicht, doch ich vermute, dass die Amerikaner nach und nach einen Teil der bestehenden Lager auflösten, weil inzwischen viele Flüchtlinge aus eigener Kraft wieder Fuß gefasst hatten und sich die Lager somit leerten.

Wir blieben ganz in der Nähe unserer bisherigen Unterkunft, aber Onkel Johann und Tante Magdalena konnten diesmal nicht bei uns bleiben. Sie wurden in ein Lager in Steyr eingewiesen, in dem vor allem ältere

Leute untergebracht waren. Obwohl mir die beiden oftmals viel Mühe bereitet hatten, fiel uns jetzt der Abschied schwer, denn wir hatten uns sehr aneinander gewöhnt.

Es blieb uns jedoch nichts anderes übrig, als ihnen beim Packen ihrer Habseligkeiten zu helfen. Ich begleitete sie nach Steyr und versprach ihnen, dass wir sie so oft wie möglich besuchen würden, denn der Weg war nicht allzu weit, und überdies besaßen wir inzwischen Fahrräder. Onkel und Tante würden ohne uns sehr einsam und verlassen sein, denn sie hatten nicht mehr die Hoffnung auf ein neues Leben, wie es bei uns Jüngeren der Fall war.

Unser neues Zuhause war eine Steinbaracke mit einem betonierten Fußboden, was vielleicht weniger gemütlich war als die Holzbaracken, aber dafür brauchten wir endlich unser Zimmer nicht mehr mit den Ratten zu teilen. Hier lebte ich nun allein mit meinen Mädchen, denn Heinrich hatte inzwischen geheiratet und bezog mit seiner Frau ein eigenes Zimmer. Wir genossen es, nach langer Zeit wieder einmal allein für uns zu sein, aber weiterhin blieb die Belastung, dass ich nichts zum Lebensunterhalt beitragen konnte. Niemand wollte mich bei meinem labilen Gesundheitszustand einstellen.

Die Zeit unserer trauten Dreisamkeit sollte jedoch nicht lange dauern. Kathi, inzwischen zwanzigjährig, war eine junge Frau geworden, und was lag da näher, als dass sie einen jungen Mann kennenlernte. Martin war groß und schlank, stammte aus der gleichen Gegend wie wir und lebte mit seinen Eltern in einem benachbarten Lager. Er arbeitete wie Marie in der Gießerei der

Eisenwerke, und ich war mit der Wahl meiner Tochter sehr zufrieden, denn der junge Mann war mir auf Anhieb sympathisch.

Die beiden heirateten am 3. April 1948, und Kathi war eine wunderschöne Braut. An diesem Tag tat es mir in der Seele weh, dass ihr Vater, der seine Kathi so sehr geliebt hatte, sie nicht in ihrem weißen geliehenen Kleid zum Altar führen konnte. Toni wäre so stolz gewesen.

Nachdem Kathi zu ihrem Mann und den Schwiegereltern gezogen war, blieb ich allein mit Marie zurück. Es musste endlich etwas geschehen, denn ich konnte nicht ewig ohne eigenes Einkommen leben. Ich musste noch einmal mit Heinrich Kimmel reden, damit er vor den Behörden unter Eid bestätigte, dass Toni in seinem Beisein verstorben war. Solche Beglaubigungen waren damals an der Tagesordnung und wurden an Stelle eines Totenscheins anerkannt.

Also machte ich mich erneut auf den Weg nach Andorf. Ich hatte keine Zeit zu verlieren, denn Heinrich Kimmel wollte, so hieß es in Kreisen meiner Landsleute, die ja alle untereinander engen Kontakt hielten, nach Deutschland ziehen. Er hatte unser erstes Gespräch wohl nicht in bester Erinnerung und weigerte sich zunächst, für mich bei den Ämtern eine Aussage zu machen. Doch ich blieb hartnäckig, bis er mir schließlich versprach, nach Linz zu kommen.

Er hielt sein Versprechen und unterschrieb ein Protokoll, in dem er bestätigte, dass mein Mann, Anton Klein, im Gefangenenlager Esseg in seinem Beisein verstorben war. Als Sterbedatum wurde der 19. September 1945 angegeben. Es dauerte dann noch einige Wochen, bis ich endlich eine Rente erhielt. Sie war zwar sehr bescheiden, doch ich konnte damit, wenn ich sparsam war, auskommen, ohne meinen Kindern weiterhin zur Last zu fallen. Ich war zufrieden wie lange nicht.

Marie fand bald darauf ebenfalls einen jungen Mann fürs Leben. Er hieß Peter und hatte vor der Flucht in Temeschburg, der alten Hauptstadt des Banat, gelebt, die nach dem Ersten Weltkrieg an Rumänien gefallen war. Er und seine Eltern gehörten übrigens zu jener Flüchtlingsgruppe, die im September 1944 auf ihrem Weg in den Westen eine Woche in unserem Dorf festsaß. Peter war gelernter Maurer und arbeitete schon seit einigen Jahren bei einer Linzer Baufirma.

Als Marie schwanger wurde, setzten wir die Hochzeit auf den 24. April 1951 fest. Zwischenzeitlich war übrigens mein erstes Enkelkind, Kathis Sohn Martin, bereits zwei Jahre alt. Der Kleine erinnerte mich vom Aussehen immer ein wenig an seinen Großvater Toni.

Obwohl Peter seit langem eine feste Arbeit hatte, fehlte noch die eigene Wohnung. Deshalb zog er zu Marie und mir ins Zimmer, doch allen war klar, dass dies nur eine Übergangslösung sein konnte. Seit Kriegsende waren sechs Jahre vergangen, es gab wieder Wohnungen, und die Zeiten, in denen sich ganze Familien in einem Zimmer drängen mussten, waren eigentlich vorbei. So sparten wir alle einschließlich der Schwiegereltern meiner Töchter, damit es irgendwann für ein eigenes Haus reichte.

Nach längerem Suchen fanden sich schließlich zwei nebeneinanderliegende Grundstücke in einem Vorort von Linz in der Nähe des Bahnhofs, was von großer

Wichtigkeit war, denn bis auf mich mussten alle jeden Tag in die Stadt zur Arbeit fahren.

Zwei Häuser wollten wir bauen, und es würde fast wieder so sein wie damals in Rudolfsgnad, als Hans und ich mit unseren Familien dicht nebeneinander lebten. In dem einen Haus sollten Kathi, Martin und dessen Eltern wohnen, das zweite war für Marie und Peter, Peters Eltern und mich gedacht.

Peters Beruf war natürlich ein Glücksfall für uns, denn so konnten wir fast alles in Eigenregie machen. Er war ein guter Maurer, dem alles unglaublich schnell von der Hand ging. Wir als seine Handlanger hatten manchmal unsere liebe Not mit ihm. Nichts konnten wir ihm recht machen und nichts schnell genug, aber ohne ihn hätten wir es vermutlich nie zu eigenen Häusern gebracht.

Im Übrigen war Eile angesagt, denn bevor das Haus fertig war, wurde Maries Tochter Ingeborg geboren. Sie kam am gleichen Tag zur Welt wie ich, an einem 11. Oktober. Überhaupt fühlte ich mich wieder einmal an meine eigene Geschichte erinnert, denn Toni und ich hatten uns damals ebenfalls mit der Fertigstellung unseres Hauses beeilen müssen, weil Kathi unterwegs war.

Und genauso trieben wir jetzt mit vereinten Kräften die Bauarbeiten voran, fuhren jeden Abend mit dem Fahrrad zur Baustelle und arbeiteten bis in die Dunkelheit. Dann mussten wir noch zehn Kilometer zurück ins Lager radeln. Peter brachte altes Baumaterial von Abbruchhäusern im Rucksack oder mit dem Fahrrad nach Hause, und so wurden unsere Häuser Stück für Stück fertig. Doch es dauerte noch bis 1953, bis wir alle umziehen konnten.

Zu Beginn bewohnten wir gemeinsam drei Zimmer im Erdgeschoss und ein kleines Wirtschaftsgebäude, das in unserem Garten stand. Jenes hatte zwei Räume sowie einen kleinen Dachboden. Später diente es uns als Waschküche und als Stall für unsere Tiere. Als dann der erste Stock des neuen Hauses fertig war, hatten wir Platz wie niemals zuvor. Und endlich hatten wir das Gefühl, angekommen zu sein, eine neue Heimat zu haben.

Eine hoffnungsvolle Zukunft lag vor uns, aber niemals würden wir die Vergangenheit vergessen, sondern ihr mit allem Schönen wie Schweren ein liebevolles Andenken bewahren.

Nachwort

Nachdem die Familien sich endlich ein eigenes Zuhause geschaffen hatten, wurde Linz auch zur Heimat und ist es nach wie vor für einige für uns. Andere gingen weit in die Welt hinaus, aber wir haben viele Jahre in enger Gemeinschaft gelebt und später immer Kontakt gehalten. Inzwischen sind Barbaras Enkelkinder bereits fast im Rentenalter, und von den Älteren ist niemand mehr am Leben.

Barbara, meine Großmutter, obwohl eine der Ältesten, überlebte viele Familienangehörige. Sie starb am 14. Januar 1999 im hohen Alter von fast einundneunzig Jahren.

Obwohl sie am Ende des Krieges noch jung war, keine vierzig Jahre alt, hat sie nie wieder einen Mann gefunden – und auch nicht gesucht. Sie lebte die folgenden Jahre ganz für ihre Familie. Da sie selbst nicht mehr arbeitsfähig war, kümmerte sie sich um die Enkelkinder, vor allem um mich, Maries Tochter Inge, und um unseren Haushalt, damit meine Mutter weiter arbeiten gehen konnte. Später betreute sie sogar noch ihre Urenkel Susanne und Arno und durfte im Mai 1998 die Geburt ihrer Ururenkelin Susanna erleben.

In den sechziger Jahren begann sie damit, Innenräume malerisch auszugestalten. Ganz plötzlich hatte sie ihre Liebe zu diesem Hobby entdeckt, das ihr gelegentlich auch ein kleines Zusatzeinkommen zu ihrer mehr als bescheidenen Witwenrente einbrachte.

Doch meine Großmutter musste auch bittere Zeiten durchmachen. Beide Töchter starben vor ihr. Ihre Marie hat sie um fast zwanzig Jahre überlebt, Kathi verstarb sechs Jahre vor ihr, doch zu ihrer Beerdigung konnte sie schon nicht mehr gehen.

Zeit ihres Lebens haben sie auch die Umstände beim Tod ihres Mannes beschäftigt. Sie selbst ist nie nach Esseg gefahren, aber meine Eltern und ich waren 1963 in Esseg und haben nach dem Grab meines Großvaters gesucht. Wir fanden jedoch nichts, kein Grab und keine Eintragung. Allerdings ist das kein sonderliches Wunder. In den Nachkriegswirren dürfte sich kaum jemand die Mühe gemacht haben, alles amtlich festzuhalten, vor allem nicht für einen deutschen Kriegsgefangenen und Armengräber, um die sich niemand kümmerte, wurden sicher nach einer Weile aufgelöst.

Meine Großmutter jedoch blieb immer dabei, dass die Geschichte vielleicht nicht ganz stimmte. Sie argwöhnte manchmal sogar, ihr Mann könnte seinen Tod vorgetäuscht haben und wäre zu seiner Jugendliebe Rosi zurückgekehrt. Im Grunde ihres Herzens wusste sie jedoch, dass dies Unsinn war – wenn nicht zu ihr, so wäre ihr Mann auf jeden Fall zu seinen angebeteten Töchtern zurückgekehrt. Vielleicht war diese mangelnde Liebe zu ihr der Stachel im Fleisch, der meine Großmutter auf teilweise abwegige Gedanken brachte.

Katharina, Kathi genannt, Großmutters älteste Tochter, lebte mit ihrer Familie und ihren Schwiegereltern im Haus neben uns. Ich wuchs mit ihren Kindern Martin,

1949 geboren, und der sechs Jahre jüngeren Gertrude, die bei uns nur Gerti hieß, praktisch auf. Gerti hatte am gleichen Tag Geburtstag wie Großvater Toni, nämlich an einem 13. Juni.

Kathis Kinder wurden von den Großeltern väterlicherseits betreut, damit Kathi und ihr Mann Martin arbeiten gehen konnten. Beide arbeiteten zunächst in den Eisenwerken. Später fand Kathi eine Anstellung in der Dosenfabrik, wo die Familie kurzfristig einmal ein Zimmer bewohnt hatte. Durch eine Unachtsamkeit an der Stanzmaschine verlor sie einen Finger. Trotzdem arbeitete sie weiter.

Im Alter von sechzig Jahren erkrankte meine Tante an Parkinson. Sie hat sehr darunter gelitten und konnte sich nie mit ihrer Krankheit abfinden. Die folgenden Jahre waren schwer für die ganze Familie. Ein Trost waren jedoch die drei Enkelkinder Nina sowie die Buben Oliver und Alexander, die mit ihren Eltern im Haus ihrer Großmutter lebten.

Am 10. August 1994 starb Kathi, noch keine sechsundsechzig Jahre alt, an Herzversagen – sie wollte wohl mit den Einschränkungen durch ihre Krankheit nicht mehr weiterleben.

Marie, Großmutters jüngere, bisweilen kapriziöse Tochter, war meine Mutter. Für die Hausarbeit war sie in keiner Weise geschaffen und gab sich auch keine sonderliche Mühe damit. Es war ein Segen, dass wir Großmutter Barbara hatten, die sich auch nach meiner Geburt 1951 sogleich um mich kümmerte. Übrigens wurde ich am gleichen Tag geboren wie sie, an einem 11. Oktober – vielleicht hatten wir deshalb so eine enge, herzliche Beziehung zueinander. Auch die Eltern meines Vaters Peter, die gleichfalls aus dem Banat stammten, lebten mit uns im gleichen Haus.

Meine Mutter ging weiter arbeiten, um sich ihre Wünsche nach schönen Kleidern wenigstens einigermaßen erfüllen zu können. Wenn es auch schwer war, sie schaffte es immer, einen vollen Schrank zu haben. Bis zu ihrem Tod hat sie in den Eisenwerken gearbeitet; war jedoch sehr froh, als sie die körperlich schwere Arbeit in der Gießerei gegen eine weniger anstrengende in der Poststelle eintauschen konnte.

Außerdem liebte meine Mutter die alljährlichen Italienurlaube mit der ganzen Familie und der ihrer Schwester. Eine dieser Reisen endete jedoch 1958 mit einem Unfall. Man war mit Campinggepäck in einem Auto auf dem Heimweg von Jesolo, als mein Vater in einer Kurve die Kontrolle verlor und das Auto gegen einen Brückenpfeiler stieß. Als meine Großmutter von dem Unfall hörte, erinnerte sie sich gleich an die beängstigenden Wahrsagungen jenes deutschen Soldaten, den sie auf der Flucht getroffen hatten. Meine Mütter werde mit siebenundzwanzig Jahren viel Blut verlieren, hatte er ihr prophezeit. Um ein Jahr hatte er sich vertan. Noch unheimlicher war jedoch seine Voraussage, dass meine Mutter keine zweiundfünfzig Jahre alt werden sollte.

Im April 1981 erlitt sie eines Nachts einen epileptischen Anfall. Trotz Medikamenten, die sie jetzt einnehmen musste, folgte im Mai ein zweiter. Wir saßen gerade beim Mittagessen, meine Großmutter, meine Mutter, meine Kinder und ich, als meine Mutter zusammenbrach. Sie fiel in ein Koma, aus dem sie nicht mehr erwachte, und starb am 27. Mai 1981. Sie wäre im Dezember zweiundfünfzig Jahre alt geworden.

Onkel Johann und Tante Magdalena waren die ältesten im Treck meiner Großmutter gewesen, denn Johann war der Bruder ihrer Mutter. Im Gegensatz zu den jüngeren Familienmitgliedern schafften sie es nicht mehr, in der Fremde Fuß zu fassen.

Sie trauerten ihr Leben lang der verlorenen Heimat nach und vermissten ihr altes Zuhause, zumal sie nie wieder ein eigenes bekamen. Sie verließen das Lager erst kurz vor ihrem Tod, als man sie in einem Altersheim unterbrachte. Meine Großmutter hat sich die ganze Zeit rührend um sie gekümmert.

Onkel Johann starb 1961 im Alter von einundneunzig Jahren. Seine Frau folgte ihm wenige Monate später.

Hans, der geliebte jüngere Bruder meiner Großmutter, arbeitete zunächst in einem Linzer Modegeschäft. Später machte er sich dann selbstständig und betrieb bis zu seiner Pensionierung erfolgreich eine Schneiderei. Ihm und seiner Frau Leni war als Ersten aus unserer Familie der Start in ein neues Leben geglückt. Hans wurde fast achtundsiebzig Jahre alt. Er starb am 14. Januar 1988 nach einem wiederholten Herzinfarkt. Für meine Großmutter war der Tod ihres Bruders nach dem Verlust von Marie ein neuer schwerer Schlag. Sie würde ihm auf den Tag genau elf Jahre später folgen.

Ingrid, die ältere Tochter meines Großonkels, die eigentlich Barbara hieß, wanderte im Alter von achtzehn

Jahren nach Kanada aus und heiratete dort einen Italiener. Sie bekam zwei Söhne, Jonny und Robert, und lebt noch heute mit ihrer Familie in der Nähe von Montreal.

Friedlinde, Ingrids jüngere Schwester, zog es dagegen nicht in die Ferne. Sie blieb mit ihrem Mann und ihrem Sohn Robert in Linz und wohnte ganz in der Nähe ihrer Eltern. Sie hat sich immer rührend um meine Großmutter gekümmert.

Margarethe, die Halbschwester meiner Großmutter, war gleich nach Kriegsende mit ihrer Mutter Richtung Deutschland weitergezogen. Sie ließen sich im schwäbischen Balingen nieder, wo sie noch heute lebt. Meine Großmutter hielt immer Kontakt zu ihr, und es fanden regelmäßige Besuche statt.

Margarethe bekam fünf Kinder von zwei Ehemännern. Hannah, ihre Mutter und Großmutters einstige Stiefmutter, lebte bis zu ihrem Tod bei Margarethe – sie wurde sehr alt.

Ferdinand, der Neffe meiner Großmutter und Sohn ihrer früh verstorbenen Schwester Anna, hatte mit seinem Vater Albert und seiner Stiefmutter Katharina sehr früh das Banat verlassen können. Die Familie, zu der neben Ferdinand noch sein Halbbruder Toni sowie zwei Mädchen aus Katharinas erster Ehe gehörten, ließ sich in Karlsruhe nieder.

Dort lebte Ferdinand auch nach seiner Heirat. Er bekam drei Kinder, von denen der Sohn Rolf mit seiner Freundin im Alter von einundzwanzig Jahren bei einem Autounfall in Kempten ums Leben kam. Ferdinand selbst starb fünfundsechzigjährig an Herzversagen. Auch ihn überlebte meine Großmutter, und sein Tod ging ihr sehr nahe, denn sie hatte ihrer Schwester auf dem Totenbett versprochen, sich immer um ihren Sohn zu kümmern.

Sie hielt ihr Versprechen, denn nie verloren sie sich aus den Augen.